LES
QUINZE-VINGTS

NOTES ET DOCUMENTS

RECUEILLIS

PAR FEU L'ABBÉ J.-H.-R. PROMPSAULT

CHAPELAIN DE CETTE MAISON DE 1829 A 1855,

coordonnés, rédigés et édités par son frère

M. L'ABBÉ J.-L. PROMPSAULT,

ÉCONOME DU PETIT-SÉMINAIRE DE NOTRE-DAME-DE-SAINTE-GARDE-DES-CHAMPS

(Vaucluse).

❧

PARIS

VICTOR SARLIT,	DUMOULIN,
LIBRAIRE,	LIBRAIRE DE LA SOCIÉTÉ DES ANTIQUAIRES DE FRANCE,
25, rue Saint-Sulpice.	13, quai des Grands-Augustins.

LES QUINZE-VINGTS.

LES
QUINZE-VINGTS

NOTES ET DOCUMENTS

RECUEILLIS

PAR FEU L'ABBÉ J.-H.-R. PROMPSAULT

CHAPELAIN DE CETTE MAISON DE 1829 A 1855,

coordonnés, rédigés et édités par son frère

M. L'ABBÉ J.-L. PROMPSAULT,

ÉCONOME DU PETIT SÉMINAIRE DE NOTRE-DAME-DE-SAINTE-GARDE-DES-CHAMPS

(Vaucluse).

CARPENTRAS

IMPRIMERIE DE E. ROLLAND, SUCCESSᵣ DE L. DEVILLARIO.

Juillet 1863.

NOTICES ET PRINCIPAUX ARTICLES

Publiés jusqu'à ce jour sur l'abbé J.-H.-R. PROMPSAULT.

———

1° M. PROMPSAULT (par M. l'abbé Barbier). Paris, A. Appert, 1843, in-18 de 36 pages, avec portrait gravé par Tailland. (Dans la *Biographie du Clergé contemporain*, t. VII, 73me livraison.)

2° M. L'ABBÉ PROMPSAULT, aumônier de l'hospice royal des Quinze-Vingts (par M. T.). Paris, Worms, Em. Laloubère et Comp^e; octobre 1844, grand in-8° de 16 pages. (Dans le *Biographe des Illustrations et des Notabilités contemporaines*, t. II, 2me semestre.)

3° M. L'ABBÉ PROMPSAULT, aumônier de la maison nationale des Quinze-Vingts (signé TRÉMOLIÈRE, de l'Institut-Historique). Paris, Mme de Lacombe, 1851, grand in-8° de 16 pages. (Dans les *Archives des hommes du jour*, IXe année.)

4° NOTICE SUR M. L'ABBÉ JEAN-HENRI-ROMAIN PROMPSAULT (par M. l'abbé G***). In-8° de 10 pages. (Dans l'*Observateur catholique*, n° du 1er février 1858, pages 125-135.)

5° NOTICE SUR L'ABBÉ PROMPSAULT, ancien aumônier des Quinze-Vingts (signé AD. ROCHAS). Paris, Renou et Maulde, 1860, grand in-8° de 11 pages sur deux colonnes. (Extrait de la *Biographie du Dauphiné*.)

6° L'ABBÉ J.-H.-R. PROMPSAULT..... *Notice biographique et littéraire...*, *suivie d'un Appendice et d'un Mémoire sur les Quinze-Vingts*, par M. VICTOR ADVIELLE, membre du conseil général administratif de la société française d'archéologie, collaborateur de la *Biographie universelle* de Michaud, etc. (Pont-Saint-Esprit, Gros frères, 1862, in-8° de III-175 pages précédées de deux feuillets, avec portrait lithographié.) (1)

7° Articles biographiques insérés dans la *Voix de la Vérité* (n^{os} des 22-23 et 24-25 janvier 1858); dans le *Mémorial de Vaucluse*, n° 1451, 23 janvier 1859) (2); dans le *Mémorial de Saint-Marcellin* (Isère), 6 avril 1861; dans le *Journal de Montélimar*, n^{os} des 26 juillet et 20 septembre 1862; dans *Le Conciliateur de Vaucluse* (29 novembre et 13 décembre 1862), etc.; enfin, dans les grands dictionnaires biographiques qui sont en cours de publication.

———

(1) Dès son apparition, cette *Notice* a été l'objet de nombreux comptes-rendus dans les journaux de Paris et des départements.

(2) Article signé X, reproduit dans la *Ruche* d'Orange, n° 905, du 6 février 1859. — Voir aussi *ibid*, n° 908, du 27 février 1859, page 1, col. 1-3.

SOMMAIRE.

APPENDICE.

Le présent ouvrage a été tiré à deux cent vingt-trois exemplaires grand in-8°, dont dix sur papier blanc grand-raisin, deux sur papier bristol, et onze sur papier de couleur, savoir :

Cinq sur papier bleu.
Trois   —   rose.
Deux   —   jaune.
Un   —   azuré.

Ces **23** exemplaires de choix seront seuls numérotés et signés à la main par l'éditeur.

PRÉFACE DE L'ÉDITEUR.

L'hospice des Quinze-Vingts, fondé par S. Louis vers le milieu du
xiiie siècle, fut constitué, dès son origine et jusqu'en 1790, en société
civile, jouissant de certains priviléges, et recevant continuellement,
des rois de France et des souverains pontifes, des témoignages d'un
intérêt tout particulier. C'est ce qu'attestent des bulles, des édits et
des ordonnances conservés dans ses archives. Ses constitutions, éla-
borées par son illustre fondateur, sont en dehors de tous les règlements publics donnés aux établissements de bienfaisance. C'est à cela,
sans doute, qu'il doit d'avoir pu résister aux secousses qui ont ébranlé
ou détruit ces derniers. Son histoire fait donc connaître une institution
qu'on ne saurait comparer à aucune autre.

Mon bien-aimé frère, qui, pendant un quart de siècle, a exercé le
ministère sacré dans cet hospice, avait, dès 1852, formé le projet de
mettre au jour les annales de cette maison, dont le caractère philanthropique est des plus élevés. Dans ce but, il avait réuni d'immenses
matériaux ; il s'était livré à de curieuses et profondes recherches sur
la naissance et les premiers développements de la fondation du saint
roi. Ses connaissances paléographiques, sa vaste érudition, l'avaient
parfaitement servi ; et il y aura toujours lieu de regretter que des
travaux, qui lui semblaient offrir davantage un cachet d'actualité,
l'aient empêché de féconder lui-même ses notes, et de les coordonner
conformément à l'ampleur de son plan, à l'exécution duquel il
paraissait avoir voué une grande partie de son existence.

Je n'ai pas voulu qu'un pareil travail fût entièrement perdu,
persuadé que je suis qu'il renferme une des plus belles pages de notre
histoire nationale. Je me suis donc décidé à le résumer et à l'offrir au
public sous un titre aussi vrai que modeste. Ayant passé cinq années
de ma jeunesse auprès de mon frère, j'ai pu considérer de près
l'admirable institution de Louis IX. Mes souvenirs, joints aux notions
que j'ai puisées dans de fréquentes communications fraternelles, n'ont
pas peu contribué à faciliter l'accomplissement de ma tâche.

Une division en sept époques ou chapitres s'est présentée naturellement : je l'ai adoptée. Je pense que les faits les plus importants de l'histoire des Quinze-Vingts s'y trouveront complétement encadrés, depuis 1254, date de la fondation, jusqu'en 1854, année où cette maison a été placée sous la protection de notre charitable impératrice (1).

J'ose espérer que cette publication ne sera pas sans intérêt pour les esprits sérieux, surtout pour ceux qui s'occupent du soulagement des misères humaines. On aimera à voir cette institution, créée il y a six cents ans, vivre de sa vie propre, se soutenir à travers les âges, objet de la persévérante sollicitude des gouvernements qui ont présidé successivement aux destinées de notre patrie.

Les personnes auxquelles incombera désormais le soin de réviser les règlements de l'hospice des Quinze-Vingts, seront, ce me semble, heureuses de trouver ici des renseignements utiles, que probablement il ne leur eût pas été facile de recueillir à l'aide d'autres moyens. Cette considération est bien certainement celle qui a le plus puissamment contribué à m'enhardir dans la voie où je me suis engagé en vue de mon entreprise, et malgré les sacrifices de divers genres qu'elle a nécessités de ma part. Et d'ailleurs, je dois l'avouer, j'ai cru qu'une douce satisfaction me serait permise, celle de pouvoir participer, de quelque manière, à la glorification et peut-être au perfectionnement de l'œuvre d'un prince auquel l'Eglise a décerné l'auréole des saints.

Au Petit-Séminaire de Notre-Dame-de-Sainte-Garde-des-Champs (près Carpentras),
le 1er mai 1863.

L'Abbé J.-L. PROMPSAULT.

(1) Si l'administration des Quinze-Vingts s'était montrée disposée à me venir en aide pour la publication du présent travail, j'aurais pu donner à celui-ci un plus grand développement ; j'y aurais employé bien des documents et des pièces justificatives, qu'il m'a fallu laisser de côté pour ne pas trop grossir le volume. Toutefois, je ne crains pas d'avancer que jusqu'ici aucun écrit n'avait réuni autant de matériaux, de manière à pouvoir mériter le nom d'histoire de cette institution de Louis IX. L'immense recueil de notes, dont leur auteur m'a fait le dépositaire, a exigé de trop longues et de trop patientes recherches, pour qu'il se soit trouvé quelqu'un qui ait jamais eu le courage d'entreprendre leur dépouillement et leur disposition méthodique. Mon frère lui-même s'est vu entraîné à les colliger, par les luttes énergiques qu'il a eu souvent à soutenir dans l'intérêt des infortunés dont il avait été établi le père spirituel. Les archives des Quinze-Vingts, jusque vers 1840, sont loin, hélas ! d'être entières. Ceux qui ont eu besoin d'y recourir pour l'étude, se sont facilement aperçus qu'à diverses époques, des mains intéressées en avaient fait disparaître des pièces importantes, ou que tout n'y a pas été déposé. Aussi mon frère a-t-il été obligé, plus d'une fois, d'aller découvrir la vérité dans des bibliothèques publiques où gisaient, enfouies et inconnues, les données dont sa perspicacité pressentait l'existence.

LES QUINZE-VINGTS.

CHAPITRE Ier (1254-1546).

A. On a cru que, avant la fondation de l'hospice des Quinze-Vingts, il existait déjà à Paris une maison des Aveugles, et que S. Louis n'avait fait que la prendre sous sa protection, et porter leur nombre à trois cents. C'est une erreur qu'il est facile d'anéantir à l'aide des titres et des autres documents que j'ai eus entre les mains.

S. Louis avait emmené avec lui, à la première croisade, 800 chevaliers. Par suite des malheurs qui vinrent fondre sur ces héros chrétiens, à peine une centaine d'entre eux revit la France, les uns ayant été enlevés par la peste, les autres ayant succombé sur les champs de bataille, ceux qui restèrent ayant été fait prisonnierss par les infidèles qui, loin de leur rendre la liberté qu'ils leur avaient promise, entreprirent de les faire apostasier; mais ce fut en vain. Ces chevaliers, fidèles à la foi pour laquelle ils s'étaient armés, aimèrent mieux endurer mille tortures; ils eurent les yeux crevés ou brûlés. Le fanatisme musulman fit ainsi 300 martyrs (1). C'est pour honorer leur mémoire et perpétuer le souvenir d'un fait militaire aussi glorieux, que fut fondée par S. Louis la *Congrégation et Maison des Trois Cents* (des Quinze-Vingts, selon le langage du temps) *Aveugles*. On le voit, c'est là une œuvre de bienfaisance, autant qu'un monument historique (2).

---

(1) Joinville, *Mémoires*, t. II, p. 45. — Bolland., m. d'A., t. V, p. 429. — Bulle de Sixte IV, 7 oct. 1483. — Edit de François Ier, mai 1546. — Sauval a dit que la maison des Quinze-Vingts avait été bâtie pour ouvrir un asile aux aveugles (t. II, p. 508) ; ce que plusieurs historiens ont répété après lui, malgré l'invraisemblance du fait et le témoignage contraire des documents les plus authentiques.

(2) Bulle de Sixte IV, 7 oct. 1483. — Edit de François Ier, mai 1546. — Les Aveugles eux-mêmes n'en doutaient pas, lorsqu'ils exposèrent à Charles, duc de Lorraine : « que » S. Louis institua les 300 Aveugles, *au lieu* des 300 chevaliers qu'il ramena d'outre-mer, » auxquels les Sarrasins avaient fait crever les yeux. » (Lettre du duc de Lorraine, 20 juillet 1601).

De retour dans sa capitale, en septembre 1254, Louis IX acheta, avant la fin de cette année, et affranchit ou racheta de la censive de l'évêque, une terre située hors les murs, sur le chemin qui conduisait à la porte Saint-Honoré, entre les Tuileries et la tour du Louvre (1). Eudes de Montreuil fut chargé d'y construire les bâtiments destinés à l'œuvre des Aveugles. Ils furent terminés en 1260 (2). Ils se composaient de quatre corps de logis séparés l'un de l'autre : le premier, que le confesseur de la reine Marguerite appelle une *grant mansion*, était celui des Aveugles; le second devait servir d'habitation au maître directeur de l'établissement; le troisième était la chapelle; et le quatrième, la maison du chapelain (3).

Dans la suite des temps, lorsque l'enclos des Aveugles se fut agrandi par les acquisitions qu'ils firent eux-mêmes, plusieurs membres de la maison, et d'autres personnes aussi, notamment l'aumônier du roi, se construisirent des logements particuliers, qui, à leur mort, restèrent à l'établissement et furent, ou loués, à son profit, à des ouvriers et autres sujets qu'y attiraient les immunités et priviléges du lieu, ou occupés par des aveugles, sauf les habitations de l'aumônier et du sous-aumônier du roi.

Sous le régime transitoire des statuts de 1522, on eut l'idée de faire payer aux habitants le loyer de ces logis; mais le parlement, auquel ils recoururent, les en dispensa par arrêt du 24 octobre 1523, statuant qu'à l'avenir ces maisons seraient destinées aux plus anciens d'entre eux, s'ils voulaient les habiter, à charge des menues réparations. Cet arrêt constitua, à leur avantage, pour le choix des logements vacants, un droit d'ancienneté qui est dans l'ordre, et qui s'est conservé jusqu'à présent. Les logements les plus commodes prirent dès lors le nom d'*Antiquité*.

B. L'acte original de la fondation des Quinze-Vingts, qui contenait les statuts que S. Louis donna lui-même ou fit donner, s'est égaré et n'est connu que par la mention expresse qu'en font les lettres patentes du mois de mars 1269. Dans ces lettres, le saint roi déclare qu'en vue de l'amour de Dieu et pour le salut de son âme, et de celles de son père, de sa mère et de ses autres ascendants, il a donné trente livres parisis de rente

---

(1) Du Breuil, Mém. remis au garde des sceaux en 1786.

(2) « Pour ce qui regarde les autres actes de cette année, dit Godefroy dans sa Vie de S. Louis, j'ai cru devoir mentionner, en premier lieu, la fondation sans contredit insigne de l'infirmerie des Aveugles à Paris, qui, entreprise depuis déjà quelques années, fut enfin achevée en cette année-ci (1260). » Il est possible que la fondation n'ait eu lieu qu'à cette époque, comme le disent Elie de Beaumont (*Mém. pour les acq. des Quinze-Vingts*, 20 janvier 1782) et l'auteur de la requête adressée par les Aveugles à l'Assemblée Nationale en 1790; mais bien certainement elle ne put pas être faite en 1228, ainsi que le prétend Félibien, et que le dit l'archevêque de Paris, dans sa réponse au mémoire d'Elie de Beaumont.

(3) Acte d'échange du 12 mai 1463, et autres chartes.

annuelle et perpétuelle sur le Temple, à la congrégation des pauvres Aveugles de Paris, pour servir à leur faire du potage; puis il ajoute : « Nous voulons et mandons, en outre, que, dans la maison et congrégation des dits Aveugles, on conserve perpétuellement le nombre de trois cents pauvres, *comme nous l'avons ordonné ailleurs,* et que, lorsque il manquera quelqu'un à ce nombre, il soit pourvu à son remplacement par notre aumônier, ou par celui de notre héritier, lequel aumônier nous établissons visiteur de la susdite maison en notre place (1). »

Il existait donc un **acte** portant constitution de l'établissement. Pour suppléer, autant que je le pourrai, à la perte de ce titre primordial, je vais réunir ce que j'ai pu découvrir çà et là, relativement aux constitutions émanées de Louis IX : — 1º Il fonda la maison et congrégation des Aveugles, en mémoire et récordation des 300 chevaliers privés de la vue par les Sarrasins (2). — 2º Il voulut que cette maison fût à perpétuité occupée par les Aveugles (3). — 3º Il fixa à 300 le nombre des personnes qui en feraient partie, et ordonna qu'il ne fût jamais diminué ni augmenté (4). — 4º Il les établit en congrégation ou corporation laïque sous la direction d'un maître, et leur donna un chapelain perpétuel (5). — 5º Il statua que les Aveugles pourraient posséder, et seraient libres de se retirer, comme de se marier (6). — 6º Il réserva à lui et à ses successeurs la suprême direction de l'établissement (7). — 7º Il chargea son aumônier et celui de ses successeurs, aujourd'hui le Grand-Aumônier de France, de visiter la maison en son nom (8). — 8º Il retint pour lui, et pour ses successeurs, la nomination du maître ou directeur, et celle du chapelain (9). — 9º Il autorisa les Aveugles à élire eux-mêmes un économe, ou prévôt, voyant, sous le nom de ministre, et quatre jurés dont deux voyants (10). — 10º Il voulut que tous les aveugles admis dans la corporation y laissassent leurs biens, sans renoncer néanmoins à leur jouissance pleine et

---

(1) A dater de cette époque, la nomination aux places vacantes parmi les Trois-Cents Aveugles, fut attribuée, en même temps que la visite, à l'aumônier du roi, et ne sortit jamais de ses attributions.

(2) Bulle de Sixte IV, 7 oct. 1483. — Edit de mai 1546.

(3) Vie de S. Louis, par le confesseur de la reine Marguerite, chap. II.

(4) Lettres patentes, mars 1269.

(5) Ibid. et ailleurs.

(6) Arrêt parl. 1er février 1387. — D'où il résulte que S. Louis les avait logés de telle sorte, qu'ils eussent chacun une demeure indépendante et disposée pour qu'ils pussent y faire leur ménage ; ce qu'indiquent, en effet, les règlements que je ferai connaître bientôt ci-après.

(7) Même arrêt.

(8) Même arrêt.

(9) Lettres de nomination, des 25 janvier 1295 et 21 août 1314.

(10) Statuts de 1522. — Lettres d'amortissement, mars 1281.

entière, leur vie durant (1). — 11º Il leur prescrivit un costume, et leur fit prendre la couleur de sa maison, qui était bleu de ciel, avec une fleur de lys sur la poitrine (2). — 12º Il les exempta et affranchit de tout subside (3). — 13º Il leur permit de se gouverner eux-mêmes, en se conformant aux lois de l'Eglise, à celles de l'Etat et aux statuts qu'il leur avait tracés.

C'est donc par erreur que, dans un mémoire du 8 mai 1764, il est dit qu'avant l'année 1521 ils n'avaient pas de statuts ; ils avaient non-seulement ceux qui viennent d'être mentionnés, mais encore les ordonnances réglementaires qui dataient de leur fondation, ou qui lui étaient postérieures de fort peu de temps. Elles étaient consignées dans des chartes peu connues des Aveugles, et observées traditionnellement. Michel de Branche, aumônier du roi Jean, les recueillit, les mit par écrit, et en fit un extrait en français, pour être conservé sur des tablettes dans la salle du chapitre, ainsi qu'il a eu le soin de nous l'apprendre lui-même. Ce recueil précieux complète les statuts de S. Louis, et nous en manifeste l'esprit. Il y est énoncé, avant tout, qu'en l'hôtel et maison des Quinze-Vingts, il doit y avoir 300 personnes, ni plus ni moins. Viennent ensuite les articles réglementaires portant : 1º qu'au moment de son admission, chaque membre prêtera serment, en chapitre, de garder les secrets de l'établissement, et d'observer les statuts et règlements qui suivent ; — 2º que, tous les matins, on sonnera cinq fois la clochette pour éveiller les frères et les sœurs, lesquels diront cinq *Pater* et *Ave* pour le roi, la reine et les princes du sang royal, pour la prospérité du royaume, pour l'aumônier et le sous-aumônier, et généralement pour tous les bienfaiteurs de la maison ; — 3º que, le soir, la cloche sonnera pareillement, et que tous prieront à la même fin ; — 4º qu'ils se confesseront aux fêtes principales, et, en partilier, à Noël, aux Cendres, à Pâques, à la Pentecôte, à l'Assomption et à la Toussaint, et qu'ils recevront la sainte communion, quand la dévotion leur en viendra, mais le plus souvent qu'ils pourront ; — 5º qu'ils observeront les jeûnes ordonnés par l'Eglise, et ne s'en dispenseront que pour raison de grand âge, de nuisance, de maladie ou d'impossibilité de s'assujettir aux heures ; — 6º qu'ils se comporteront convenablement et respectueusement dans les églises, et qu'ils ne feront noise à personne, tant dans l'hôtel que dehors ; — 7º qu'ils feront dire exactement chaque jour les messes ordonnées ; — 8º qu'ils feront pour le roi Jean les anniversaires accoutumés ; — 9º que le clerc ira, chaque nuit, par les rues de l'établis-

(1) Statuts de 1522. — Lettres d'amortissement, mars 1281.
(2) Lettres patentes, avril 1350. — Bulle du 7 oct. 1483.
(3) Sentence du 19 janvier 1422.

sement, pour faire les prières, ainsi que c'est l'usage depuis le temps de S. Louis; — 10° que le maître et le ministre feront leur tournée pour s'assurer qu'il n'y a rien à craindre du feu; — 11° que, le lendemain de la Saint-Jean-Baptiste, toute la communauté fera dire, pour le roi Jean qui l'a comblée de biens, une messe de S. Jean-Baptiste pendant la vie de ce prince, et une de *Requiem* après sa mort, sans oublier l'aumônier Michel de Branche qui leur « pourchasse de grands biens et fait faire la belle chapelle en leur manoir; » et que, ce jour-là, chacun dira, pour les dessus-dits, la patenôtre et cinq fois l'*Ave Maria*; — 12° que le maître, le ministre et la maîtresse, ou ceux à qui il appartiendra, feront les parts ou portions avec égalité; — 13° que l'on gardera loyalement, selon l'usage, celles des membres qui se trouveront dehors; — 14° que l'on se fera un devoir de visiter affectueusement, et de traiter charitablement les malades de l'infirmerie; — 15° que si quelqu'un appelle, pendant la nuit, pour avoir aide ou assistance, ceux qui l'entendront se lèveront et viendront se mettre à sa disposition; — 16° que, aux quêtes et ailleurs, les voyants mèneront les aveugles doucement et charitablement; — 17° que le maître, le ministre et les jurés conseilleront doucement et loyalement la communauté, et que, dans le cas où les jurés manqueraient sur ce point à leur devoir, ils en seront sévèrement punis en chapitre; — 18° que les dessus-dits s'abstiendront de requérir l'aumônier du roi, ou de le solliciter, et conseiller de nommer membres des Quinze-Vingts des voyants qui n'auraient d'autres droits que la faveur ou la corruption; — 19° que les frères et sœurs qui sortiront pour faire les quêtes, jureront de rapporter, et rapporteront loyalement, tout ce qu'ils doivent rapporter à la communauté; — 20° que chaque frère ou sœur obéira avant tout à l'aumônier, ensuite au sous-aumônier, puis au maître qui est en l'hôtel de par le roi, au ministre et aux femmes de l'un et de l'autre, et enfin aux jurés de la communauté, et qu'en conséquence il n'y aura pas de concession à temps ou à perpétuité, dans l'hôtel, qui soit valable, s'ils ne sont appelés à la faire et consentant; — 21° que tous ceux qui habiteront l'hôtel, auront part à ses revenus et aux aumônes qui lui seront faites; — 22° que quiconque se conduira contrairement à ces statuts, sera, pour la première fois, privé de l'hôtel pendant deux mois, et, en cas de récidive, expulsé; — 23° que, hors le commandement exprès du roi donné de science certaine, l'aumônier ne nommera personne du dehors, sans recevoir en même temps quelques-uns de ceux qui sont dedans et ne jouissent pas des droits de fraternité; et que, pour cela, il attendra, avant de nommer, qu'il y ait plusieurs places vacantes; — 24° que l'on ne pourra recevoir, en qualité de voyant, nul homme, ou nulle jeune fille, et, en qualité d'aveugle, nul enfant qui e soit assez âgé et fort pour s'aider lui-même, et qui n'ait au moins seize ans ; — 25° que nul voyant d'un âge mûr ne sera reçu, s'il n'y a place vacante, et si la communauté ne le juge nécessaire ou utile ; — 26° que le clerc de l'hôtel sera voyant, et que l'on pourra en prendre aussi pour le service de la chapelle ; — 27° que l'on pourra recevoir, bientôt après son entrée dans l'hôtel, la femme voyante d'un Aveugle, si elle est digne de cette faveur ; mais que, à l'égard du mari voyant, il ne pourra, sauf commandement exprès du roi, être reçu que par élection, ainsi qu'il a déjà été dit ; — 28° que nul ne mettra empêchement à un mariage, si ce n'est justement, saintement et selon les lois de l'Eglise ; mais que si un voyant épouse une voyante, ils perdront leurs biens et sortiront de l'hôtel, parce que de pareilles alliances sont contraires aux statuts (ci-dessus rapportés) ; que, néanmoins, aucune veuve ne sera contrainte de se remarier ; que la communauté pourra l'en prier, si elle est jeune et demandée par un Aveugle ; mais que, sur son refus, elle ne sera point mise hors de l'hôtel ; que nul homme qui voit, soit d'un œil soit de deux, ne pourra épouser une femme voyante, ni une femme voyante un homme non aveugle ; car, si l'on permettait cela, l'établissement serait bientôt fermé aux aveugles ; — 29° que nul, dans l'hôtel, ne fiancera femme, sans en prévenir le maître et le ministre de la communauté qui connaissent mieux les statuts ; et que celui qui fera le contraire sera mis hors de l'hôtel, où il pourra dans la suite être réintroduit par l'aumônier du roi, qui aura consulté à ce sujet les jurés et la communauté ; — 30° que nul homme aveugle ne pourra épouser une femme aveugle (car ils ne pourraient se secourir l'un l'autre), et que une veuve voyante épousera un aveugle. Quiconque fera le contraire, sera mis hors de l'hôtel, et prendra la moitié de ses biens ; — 31° qu'il n'y aura d'exception à cette règle que pour le maître, le ministre et prévôt de la fraternité, et le portier, qui ont besoin d'avoir des femmes voyantes, pour les raisons déclarées dans les chartes d'où ces règlements sont tirés ; — 32° que le maître de l'hôtel est mis et sera mis par le roi, et reçoit et recevra du roi, à raison de son office, 12 deniers par jour ; — 33° qu'il convient que le maître soit marié, afin que sa femme lui vienne en aide en plusieurs choses dans l'administration de l'hôtel ; — 34° que le ministre est élu par les frères et sœurs, et confirmé par l'aumônier du roi, et reçoit 8 deniers par jour ; qu'il doit être marié, parce que sa femme est chargée de visiter les femmes malades, comme aussi de faire les portions aux frères et sœurs ; mais cependant, si sa femme vient à mourir, on lui laissera largement du temps pour se remarier, et il continuera d'exercer son office ; — 35° que, si le maître et le ministre meurent en l'hôtel avant un an révolu ou après un an révolu, mais laissant des enfants ou petits-enfants, la succession du défunt passera à ses héritiers, sauf un prélèvement qui sera fait au profit de la communauté, tel que l'aumônier du roi et un ami du défunt l'arbitreront, ou, en cas de dissidence, un tiers arbitre nommé par eux; — 36° que, bien que le maître, le ministre et quelques-uns des pauvres de l'hôtel tiennent, jusqu'à la fin de leur vie, les biens de leurs femmes mortes, néanmoins il sera tenu pour règle immuable que, s'ils sortent de l'hôtel, ils lui en laissent la moitié; — 37° que, soit qu'il y ait ou non statut écrit, la faculté pour le survivant de conserver jusqu'à la fin de sa vie les biens du défunt ne concerne que les pauvres frères et sœurs; et que, si le maître ou sa femme devenus veufs veulent quitter l'hôtel, ils laisseront la moitié de la succession du défunt, s'ils n'ont pas d'enfants; — 38° que le sceau de la maison sera gardé sous trois clefs, dont l'une sera entre les mains du maître, l'autre entre celles de l'un des gouverneurs, et la troisième entre celles d'un frère; et que, si l'un d'eux va dehors, il laissera la clef à sa femme; — 39° que, si le maître ou le ministre pris hors de l'hôtel viennent à y mourir avant l'an révolu, le tiers de leur succession appartiendra à l'hôtel, et les deux autres tiers à leur femme ou à leurs héritiers, si leur femme est morte; et qu'il en sera de même de la succession mobilière de leur femme, si elle meurt avant l'année révolue; — 40° que, si l'un meurt sans l'autre après une année révolue, la maison prendra la moitié de tous les biens meubles du mort, s'ils n'ont pas d'enfants; et que, dans le cas fort rare où ils mour-raient tous les deux en même temps, sans laisser d'enfants, l'aumônier du roi, l'hôtel et les amis du défunt régleront de concert les droits de succes-sion; — 41° que, si le ministre de l'hôtel meurt avant l'année révolue, laissant des enfants, sa femme donnera à l'hôtel quelque chose de la suc-cession de son mari, à l'arbitrage de l'aumônier du roi et d'un ami; et que, si le ministre ne laisse pas d'enfants et meurt après l'an révolu, la communauté prendra la moitié des biens du défunt, laissant néanmoins à la veuve la faculté de la racheter, et y mettant courtoisie; — 42° qu'on agira de même pour ce qui concerne le maître et sa femme; — 43° que, si les frères et sœurs veulent se retirer de l'hôtel après un an révolu, la communauté retiendra la moitié de leurs biens; mais que, s'ils se retirent avant d'y avoir passé un an révolu, ils n'en laisseront qu'une portion déterminée par l'aumônier du roi; — 44° que, si les frères et sœurs qui meurent en l'hôtel ne laissent que des enfants mariés, ou âgés de plus de quatorze ans, tous leurs biens resteront à la communauté; mais que, si leurs enfants ont moins de quatorze ans, ou restent très-pauvres, on leur laissera toute la succession, à l'exception des vêtements du défunt. Ce sera l'aumônier du roi, assisté du maître et du ministre, qui prononcera sur la pauvreté des enfants; — 45° que, si un frère marié ou une sœur mariée, vient à mourir sans enfants, le conjoint survivant lui succèdera et aura, durant sa vie, la jouissance de tous ses biens, à l'exception des vêtements qui reviennent à la communauté, pourvu qu'il reste dans l'hôtel; car, s'il en sort, la communauté partagera avec lui; — 46° que nul n'exercera un commerce en ville, si ce n'est pour ses besoins, ou ne se fera courtier pour un autre; mais que, si quelque frère ou sœur veut vendre dans sa chambre du vin, des fruits, du potage ou autres choses semblables, aux frères et sœurs seulement, il le pourra; mais, s'il est cause de disputes ou de vilains jurements, on lui défendra de vendre du vin dans l'hôtel; — 47° que nul ne sollicitera, ou fera solliciter l'aumônier du roi de mettre quelqu'aveugle ou quelque voyant en l'hôtel contrairement aux précédentes ordonnances, sous peine d'être, pour la première fois, repris en chapitre; de perdre deux jours de rétribution, à la seconde; un mois, à la troisième; et d'être renvoyé, s'il continue; — 48° que nul ne cherchera querelle aux autres, ni ne leur fera injure, en quelque lieu que ce soit; — 49° que nul ne jurera ou blasphèmera, en parlant vilainement de Dieu ou de ses Saints; — 50° que nul ne dira des grossiéretés au maître, au ministre, aux jurés, au portier ou à leurs femmes; — 51° que nul ne tentera rien au préjudice d'un autre, ni ne machinera rien par haine; — 52° que nul ne complotera ou conspirera, soit dedans, soit dehors, contre le bien de l'hôtel; — 53° que nul n'ira chercher sa vie dehors sans permission; — 54° que personne ne se permettra de sortir à toute heure, mais seulement lorsque les statuts et usages de la maison le permettent, ou avec autorisation particulière; — 55° que personne ne portera des habits inconvenants et contraires à l'état de pauvreté. — 56° Il est enfin recommandé par le roi de garder et d'observer les ordonnances susdites, et les frères doivent le promettre sous la foi du serment. — 57° Il est dit encore que quiconque transgressera ces ordonnances et statuts, sera pour la première fois repris charitablement en chapitre; pour la seconde fois, privé des rétributions de l'hôtel pendant deux jours; pour la troisième, mis en prison, à la discrétion du maître, du ministre et de la communauté; et qu'en cas de récidive, il sera mis hors de l'hôtel.

Une note ainsi conçue termine cette longue série d'articles : « Ces règlements ont été faits, après avoir consulté plusieurs fois et entendu la communauté. Ils ont été acceptés par l'aumônier, le sous-aumônier, le maître, le ministre, les jurés et environ treize-vingt-seize membres qui étaient présents dans l'hôtel, lesquels ont juré individuellement de les faire observer aux absents et à ceux qui seront reçus à l'avenir. »

c. Le peuple donna, à l'enclos et à l'établissement des Trois-Cents Aveugles, le nom de CHAMPOVRI (champ des pauvres); mais le bon roi, qui voulait honorer le malheur et le faire respecter, adopta l'appellation de

MAISON ET CONGRÉGATION DES AVEUGLES, et la conserva, ainsi qu'il appert par ses lettres patentes de mars 1267, mars et octobre 1269. Il écarta pareillement le mot de *pauvre* dans la demande d'indulgences qu'il adressa successivement aux papes Alexandre V, Urbain IV et Clément IV. Il dit au premier qu'il « a construit une maison pour les Aveugles ; » au second, qu'il « a fait construire une maison pour l'œuvre des Aveugles, » et au troisième qu'il « a fait à neuf une maison pour les Aveugles. » Aussi, le sire de Joinville, dans ses mémoires, a tracé, en parlant de S. Louis, cette phrase remarquable : « Il fist la Meson-Dieu de Pontoise, la Meson-Dieu de Brinon, la Meson des Aveugles, » établissant une distinction bien prononcée entre les deux hôpitaux dont il rappelle la fondation, et l'établissement des Quinze-Vingts.

Les successeurs de Louis IX conservèrent à cette œuvre le nom de MAISON, ainsi qu'on le voit par les lettres patentes de provision de Jean de Villeneuve en 1295, de Robert de Rouen en 1314, l'un et l'autre nommés par le roi maîtres « de la Maison des Aveugles de Paris ; » par les lettres patentes de février 1317 qui donnent « à la Maison et aux Aveugles de Paris » 60 livres parisis de rente ; par d'autres lettres patentes de juillet 1312, qui accordent « aux frères et sœurs de la Congrégation de la Maison des Aveugles de Paris, » le privilége de porter une fleur de lys ; et par plusieurs autres lettres.

Cet établissement ne reçut d'abord pas d'autre nom dans les actes publics qui le concernèrent. Ainsi, Guillaume Barbier donna, par acte d'octobre 1269, « à la Congrégation des Aveugles de Paris et à leur Maison ; » Etienne des Granges, « Proviseur de la Maison et Congrégation des Aveugles de Paris, de la part du seigneur roi des Français, » accepta pour elle une donation en 1287 ; Réné Barbou fit, en août 1296, une cession et donation « à la Maison des Aveugles de Paris. »

L'ancien sceau, qui remonte à l'époque de la fondation (1), portait cette légende : SEEL DE LA MESON DES TRAS CENS AVEVGLES DE PARIS. Les mots SEEL DE, qui la commencent, ont disparu avec le fragment de cire sur lequel ils étaient empreints ; mais les autres sont encore d'une parfaite conservation. Un autre sceau, refait en 1725, offre ces termes latins : DOMVS PAVPERVM CECORVM PARISIENSIVM. La dénomination officielle et primitive (MAISON OU CONGRÉGATION DES TROIS-CENTS AVEUGLES) n'a été changée par aucun acte législatif. Seulement le gouvernement, l'autorité ecclésiastique, les particuliers, l'administration, depuis les successeurs immédiats de Louis IX jusqu'à ce jour, ont employé, dans leurs actes respectifs, tour à tour et indifféremment, les expressions de MAISON ET HÔPITAL, HÔPITAL, HOSPICE,

____

(1) Voyez ci-après le paragraphe II.

HÔTEL-DIEU, HÔTEL, qui toutes présentent une idée que le roi-fondateur a voulu écarter, et qui, à vrai dire, ne convient nullement à son œuvre philanthropique.

La *Maison royale des Trois-Cents Aveugles* n'a absolument rien de ce qui constitue une *Maison-Dieu*, un *Hôpital*, un *Hospice* ou un *Hôtel ;* on le voit déjà par son organisation qui, dès le principe et jusqu'à présent, est restée celle d'une communauté d'habitants, vivant de leur industrie et des fonds communs qui leur sont alloués sur l'établissement. Le nom d'*Hôtel* qui, sous un rapport moins blessant, offre l'idée d'*Hospice*, ne lui convient pas mieux. Celui de *Maison*, choisi par le saint fondateur, et celui d'*Asile* ou *Etablissement* sont les seuls qui puissent s'accorder avec la nature de son organisation, et ne pas dérouter, comme le font tous les autres, les personnes portées à ne juger de l'œuvre que par sa désignation habituelle.

D. Dès l'origine, les Aveugles furent au nombre de trois cents, et ce chiffre ne fut pas dépassé ; mais il y avait, avec les Aveugles, soixante voyants, maris, femmes ou serviteurs ; ce qui a induit en erreur Guillaume de Nangis et lui a fait dire, au sujet de S. Louis : « Il fit faire la Meson des Aveugles qui siet au dehors de Paris, où plus de trois cent cinquante aveugles demeurent. » La rectification de cet énoncé est formulée dans deux bulles de Clément V (31 oct. 1307), dont l'une déclare que le roi de France, et l'autre que Jean Petit, bourgeois et drapier de Paris, exposèrent à ce pape que les Trois-Cents Aveugles avaient, pour les servir, soixante individus voyants. Ces derniers (frères et sœurs), qui furent associés aux frères et sœurs aveugles pour compléter le nombre de quinze-vingts, étaient les employés de divers ordre, rang et condition dont la maison avait besoin (1).

Bien convaincu que le service serait mieux et plus économiquement accompli par des sujets de la congrégation que par des étrangers, et suivant d'ailleurs, en cela, comme en tout le reste, l'exemple des fondateurs de monastères, Louis IX avait attaché ces frères et sœurs voyants à sa congrégation des Aveugles, et en avait fixé le nombre à soixante, comme il a été dit ; ce qui élevait à trois cent soixante le chiffre du personnel de la maison. On fit compter ces voyants comme membres des Quinze-Vingts, dès que les Aveugles cessèrent de se présenter pour remplir les vacances, ou ne purent être admis à cause de leur pauvreté et de l'exiguité des ressources de la communauté. Michel de Branche, aumônier du roi Jean,

____

(1) Les voyants reconnus par l'établissement se donnaient, comme les Aveugles, corps et biens et prêtaient serment.

défendit de les admettre à la fraternité. On ne se conforma point à cette inhibition, parce qu'elle violait en cela les statuts et lésait les intérêts des Aveugles qui, n'ayant pas le moyen de donner des gages convenables, et ayant besoin d'avoir des personnes dévouées, ne pouvaient y parvenir sûrement qu'en les incorporant à leur société. « Cette alliance, disaient les Aveugles dans leur requête à l'Assemblée Nationale en 1790, introduisit le plus grand bien dans l'hôpital. » On n'accueillait pas d'enfants au sein de la congrégation. Du reste, il n'était pas trop possible de le faire, puisqu'une des premières obligations de chaque postulant admis était de se donner, *corps et biens*, à la Maison (1). Les membres de cette œuvre d'une nouvelle espèce formaient une société en participation des bénéfices dont les droits étaient réglés par les statuts. A leur tête étaient deux chefs, l'un (le *maître*), donné par le roi, l'autre (le *ministre*), élu par les sociétaires, tous les deux assistés de quatre délégués de la communauté, (deux aveugles et deux voyants, connus sous le nom de *jurés*, parce qu'ils faisaient serment d'exercer loyalement leurs fonctions). Un chapelain établi par S. Louis, avec le titre de *chapelain perpétuel*, fut d'abord chargé du service de la chapelle. La congrégation lui adjoignit, dans la suite, d'autres chapelains amovibles. Au-dessus de tout ce personnel étaient l'*aumônier* et le *sous-aumônier du roi*, chargés d'inspecter et de surveiller l'établissement.

E. Joinville (2) dit que S. Louis fit faire la Maison des Aveugles près Paris, pour y placer les aveugles de cette cité. Toutefois, dès l'époque de sa fondation, elle fut, et n'a jamais cessé de l'être, comme un asile ouvert à tous les Français privés de la vue, et même à tout aveugle, quel que fût le lieu de sa naissance ; ce qui faisait dire aux frères quêteurs (qui, en 1608, s'adressèrent à l'Infante d'Espagne, archiduchesse d'Autriche, pour obtenir d'elle l'autorisation de quêter dans ses Etats) qu'on y admettait des aveugles de toute la chrétienté (3). On en avait reçu, en effet ; mais, depuis longtemps, l'établissement est exclusivement national.

F. Bien que constitués en congrégation, les Aveugles ne formaient point une communauté religieuse, monacale, astreinte aux vœux de pauvreté, obéissance et chasteté, ainsi que l'avance l'auteur d'un mémoire contre

---

(1) Par suite de cette donation, l'hospice se trouvait de droit son héritier ; c'est à son bénéfice qu'il possédait et acquérait. Il ne pouvait, sans le congé du chapitre, contracter validement et pour quoi que ce fût, en ce qui concernait ses biens et sa personne.

(2) Vie de S. Louis, ch. V, p. 145.

(3) Concess. du 19 sept. 1608.

le cardinal de Rohan, et que tout le monde l'a répété depuis. Sans doute,
on a été induit en erreur par les lettres d'admission où on lisait que, vu
les lettres de concession données par le grand-aumônier, le chapitre, après
information, avait admis au *serment, vœux et profession de Frère du dit
hôpital*…. C'est là une manière de parler qui ne pouvait convenir qu'à
l'état des Quinze-Vingts, en exprimant des choses simplement analogues à
celles qui se passaient dans les monastères, sur le modèle desquels la
corporation des Aveugles avait été organisée, sans que pour cela eussent
été imposées à ses membres les obligations des moines. Du reste, un
mémoire de l'évêque de Paris, relaté dans un arrêt du Parlement en date
du 1er février 1387, porte que les Aveugles ne forment point un couvent,
mais une simple congrégation ; qu'ils ne prononcent pas le vœu de pauvreté, puisqu'ils conservent la possession de leurs biens ; ni celui d'obéissance monastique, puisqu'ils ont la faculté de se retirer quand ils le
veulent ; ni celui de chasteté, puisqu'ils sont mariés. Tous les membres
de la corporation des Aveugles travaillaient pour eux et pour la communauté, à laquelle devait revenir tout ce qu'ils possédaient, et de
laquelle ils partageaient entre eux tous les bénéfices.

Il pouvait y avoir parmi eux beaucoup de célibataires, du temps de
S. Louis, puisqu'il leur adjoignit des servants qui ne pouvaient être que
les maris voyants, ou les femmes voyantes, des Aveugles ; mais les Aveugles, dans leur requête à l'Assemblée Nationale (p. 4), se trompent quand
ils disent : « Ils étaient célibataires dans leur origine. La nécessité d'avoir
auprès d'eux une personne qui les assistât dans les besoins inséparables
de leur infirmité, qui partageât leurs peines, leur fit accorder, dans un
temps très-reculé, la permission de se marier. » Cette erreur était d'autant
moins excusable de leur part, qu'ils avaient entre les mains les anciens
statuts recueillis par Michel de Branche, environ cent ans après la
foundation de l'œuvre, statuts dont trois articles étaient consacrés à régler
ce qui avait rapport au mariage des membres aveugles et voyants.
D'ailleurs, la prescription du célibat aurait fermé l'entrée de la maison à
tous les aveugles mariés, même à ceux qui, ayant été atteints de cécité
depuis leur mariage, et ayant, lorsqu'ils perdaient la vue, épuisé leurs
ressources et celles de leur ménage, n'auraient pu entrer qu'en se séparant
de leur femme et de leurs enfants, laissant ainsi à l'abandon ce qu'ils
avaient de plus cher au monde, brisant violemment les liens de la nature
et du sang, et s'isolant de ceux qui les avaient jusque-là soutenus et
consolés. Certains philanthropes auraient peut-être agi de cette manière ;
mais S. Louis comprenait tout autrement l'assistance publique et les
devoirs de la charité chrétienne.

G. S'il pouvait y avoir quelque doute sur le dessein qu'eut S. Louis d'attacher les Aveugles à sa maison royale de France, il s'évanouirait au souvenir du costume qu'il leur assigna. Il était de drap pers et azuré, avec une fleur de lys par dessus (1), telle qu'était la livrée de ce roi. Celui des frères consistait, selon l'usage de cette époque, en une robe longue munie de poches extérieures sur l'un et l'autre côté. Par-dessus était une coule à capuchon par derrière, et une fleur de lys sur le devant (2). L'uniforme des sœurs Aveugles consistait également en une robe longue, sur laquelle elles étendaient un tablier à bavette, comme font encore aujourd'hui les sœurs hospitalières en fonctions. La fleur de lys se déployait sur la partie qui recouvrait le sein. Elles portaient une collerette très-simple et une coiffure modeste. La fleur de lys était en cuivre. On en a la preuve par l'étalon qui fut donné aux Aveugles de Chartres et qui est fixé sur une sentence du prévôt de Paris, en date du 17 mars 1400, comme aussi par la défense que fit le chapitre de la porter en argent. Pour que rien ne manquât à la livrée royale, les frères étaient tenus d'avoir les cheveux coupés (3). Les manches de leur robe devaient être ouvertes. On leur imposa l'obligation de les clore, quand l'usage de les porter fermées eut été introduit. Les procès-verbaux des délibérations capitulaires contiennent la peine de vingt sous d'amende prononcée, le premier juillet 1326, contre un frère qui n'avait pas obtempéré à la sommation de fermer les siennes. Sauf cette modification et quelques autres peut-être que l'usage avait fait admettre, les Aveugles des Quinze-Vingts conservèrent religieusement cet honorable costume jusqu'en 1792 ; mais ils ne le portaient pas habituellement. C'était un habit de cérémonie, dont ils n'étaient tenus de se revêtir que lorsqu'ils allaient au dehors faire leurs quêtes, ou lorsqu'ils se rendaient au chapitre (4).

H. Le sceau, au moyen âge, était, comme le costume, un des signes qui indiquaient la nature et la qualité des établissements. Celui que S. Louis donna lui-même à l'œuvre des Quinze-Vingts, ou qu'il dut au moins leur permettre de prendre, a été apposé sur une pièce conservée aux archives de l'Empire. Il représente S. Louis, en habit royal, couronne en tête, la main de justice dans sa main gauche, et le sceptre de la puissance dans sa droite. Ce prince est devant le clos et maison des Quinze-Vingts. Il a intro-

(1) Règlem. de François de Molins.

(2 · Sceau contemporain de Louis IX ; sceau de 1725, et vignette de 1650.

(3) Le 9 août 1691, le chapitre fit couper, en sa présence, ceux d'un frère qui avait voulu se soustraire à cet usage, et renouvela, à cette occasion, les anciens statuts et règlements.

(4) Règl. de Michel de Branche ; — délibér. capit., 13 nov. 1697.

duit son sceptre tout entier par la porte qui est ouverte et tournée du côté des Aveugles, que représentent quatre d'entre eux dans une attitude de suppliants. Il semble leur dire : « Ma justice royale s'est étendue sur vous. Entrez et mettez-vous en possession de la maison que j'ai bâtie pour vous recevoir. » Sur le champ au-dessus de la tête des Aveugles, est une fleur de lys, et autour du sceau on lit : SEEL DE LA MESON DES TRAS CENS AVEVGLES DE PARIS. Tout est parlant dans ces armes. On peut s'étonner avec raison qu'un monument si vénérable par son origine, si honorable par la nature du blason qu'il rappelait, ne soit pas resté le sceau de l'établissement. On le modifia d'une manière malheureuse en 1725 (1). On fut contraint de l'abandonner complétement, lors de la suppression des armoiries, et, depuis ce moment, l'idée de le reprendre n'est jamais venue à l'esprit des administrateurs qui ont paru, du reste, en ignorer l'existence, la seule empreinte qui soit parvenue jusqu'à l'époque actuelle se trouvant aux archives de l'Etat.

I. Je n'ai rien découvert qui puisse faire connaître exactement la manière dont les Aveugles étaient logés dans la *grant mansion* que leur avait préparée S. Louis ; mais s'il y avait des chambres communes, comme devaient l'être celles de l'infirmerie, nul doute que le reste ne formât, comme aujourd'hui, des habitations distinctes, où chaque ménage d'Aveugle était installé comme dans sa propre demeure. Tout concourt à démontrer que cette distribution des logements est aussi ancienne que l'établissement, et forme l'un des points des statuts laissés par Louis IX. L'habitation dans l'enclos n'était pas nécessaire. Il y eut, dès l'origine, des frères quêteurs, qui résidèrent dans les lieux où ils étaient chargés de recueillir les aumônes des fidèles ; et, à Paris même, plusieurs logeaient hors de l'enclos. Les vicaires-gouverneurs ayant voulu, en 1523, un an après leur établissement, leur faire payer un loyer, représentèrent que cela avait été déjà pratiqué ; ce qui prouve que l'habitation hors de l'enclos remontait à une époque plus reculée. D'ailleurs, c'est vers ce temps-là seulement que fut ouverte une seule porte avec un portier. Auparavant il y en avait quatre ou cinq. François de Molins ordonna, en 1522, par l'article 10 des statuts auxquels il voulut assujétir les Aveugles, que les portes seraient toutes barrées, à l'exception d'une seule à laquelle il serait préposé un portier chargé d'empêcher les étrangers de pénétrer dans l'hôtel, et les frères et sœurs d'en sortir « sans le sceu, congé et licence du Maistre de la dite Maison. »

---

(1) Voir ci-dessus le quatrième alinéa du paragraphe C.

J. Ainsi qu'il a été dit, le *Maître* ou *Directeur* des Quinze-Vingts était choisi et nommé par le roi. Il prêtait serment au Châtelet, gouvernait l'intérieur de la maison, exerçait la police sur tout ce qui regardait le bon ordre et les mœurs (1), et présidait le chapitre. Le premier maître dont fit choix Louis IX, fut Etienne des Granges. Ses lettres de provision sont égarées; mais, dans des actes particuliers, il est qualifié de *Maître et pourvéeur*, ou seulement de *Pourvéeur de la Maison et Congrégation des Aveugles*, ainsi que Jean de Villeneuve, créé en 1295, et Robert de Rouen (nommé en 1314, avec le simple titre de *Maître de la Maison des Aveugles*) sont désignés dans les actes qu'ils passèrent, le premier, de *Maître et gouverneur* ou *Maître et garde de la Maison des Aveugles de Paris*, et le second, de *Maître et administrateur des biens des Aveugles*, à quoi ils étaient autorisés, du reste, par leurs lettres de provision qui leur confient « la direction et l'administration de la Maison des Aveugles et des biens et revenus qu'elle possède. » Dans la bulle de Sixte IV (7 oct. 1483), Jean de l'Aigle est appelé *Maître et Ministre des Quinze-Vingts* (ce qui est sans doute une erreur); et, dans la signification de l'ordonnance de Geoffroy de Pompadour aux receveurs des Quinze-Vingts pour Paris et la banlieue, Jean Mazalon est qualifié de *Maître et garde de par le Roy nostre seigneur de l'Hospital et Maison-Dieu des Quinze-Vingts* (2). Les lettres de provision du maître de la Maison des Aveugles étaient adressées au prévôt de Paris, avec ordre de le mettre en possession de son office et de lui délivrer les gages accoutumés (3). Celles de Robert de Rouen, du 21 août 1314, furent adressées à tous ceux qui les verraient, et la justice fut chargée elle-même de leur exécution. Elles furent portées au Châtelet de Paris, qui les reçut et délégua un de ses conseillers pour procéder à l'installation (4). On peut croire que ce changement fut introduit, parce que les attributions du maître de la Maison furent réputées judiciaires; en effet, il connaissait seul de tout ce qui concernait la police du lieu, sauf néanmoins recours au Châtelet ou au prévôt de Paris, selon la nature des questions (5). Les autres fonctions du maître étaient celles d'un chef de corps qui administre et gouverne avec la participation plus ou moins

(1) Requête, 1790.

(2) 11 septembre 1493.

(3) Lettres patentes du 25 janvier 1295.

(4) Mém., août 1776.

(5) Quoi qu'il en soit du motif qui avait fait changer l'adresse des lettres de nomination, on revint à l'ancien usage. Les lettres de nomination de Gui du Val, prêtre-aumônier du roi, nommé par François Ier, sont adressées au prévôt de Paris. Il en est de même de celles de Bertrand Daumas, nommé le 17 mars 1522, et de plusieurs autres de cette époque. Dans la lettre de Guydon du Val fut mise la clause *quamdiù nobis placuerit* (aussi longtemps qu'il nous plaira), clause qui fut maintenue depuis.

directe et étendue de la communauté. Le ministre, les frères et les sœurs l'assistaient simplement comme parties intéressées, ayant voix consultative en tout, et délibérative en certains cas. Ses émoluments consistaient : 1° en la jouissance d'une maison que S. Louis avait fait bâtir tout exprès pour lui ; 2° en 18 livres parisis de rente sur le trésor royal, laquelle rente fut élevée plus tard à 22 livres 16 sous ; 3° en une part double de celle d'un frère Aveugle, dans la distribution des revenus de l'établissement (1).

K. Le *ministre* ou *procureur* (2) était l'homme des Aveugles, comme le maître était celui du roi. Il assistait le maître dans l'administration de l'œuvre. Surveillant avec lui les intérêts des Quinze-Vingts, il remplissait les fonctions d'économe, et représentait la communauté en tout ce qui concerne l'économat (3). Il était élu annuellement par le chapitre général. Il devait être voyant, et ne pouvait s'absenter sans en avoir obtenu préalablement la permission du chapitre, qui lui donnait un remplaçant provisoire. Indépendamment de ses droits comme frère, il recevait, chaque mois, 30 sols tournois (4), somme qui, en 1522, devait être d'une valeur relative encore assez considérable, puisque le parlement, dans le règlement qu'il fit alors avec le ministre, la réduisit à 25 sols. D'après un bail à ferme passé sous Robert de Rouen : « mestre et pourveur de la meson des Aveugles de Paris, » il y avait un ministre (nommé pour lors Jehan Chartain) et un procureur (appelé Renout Aulis), lesquels, avec le maître et les jurés, passèrent ledit bail. Ce procureur, qui, dans la suite, prit le nom de *receveur* ou *trésorier*, resta depuis cette époque adjoint au ministre. Il était, comme lui, élu tous les ans par le chapitre général, donnait caution et prêtait serment. Ses fonctions consistaient à recueillir les rentes, aumônes et autres revenus de l'établissement. A partir de ce moment, le ministre ne fut plus chargé que de la répartition et distribution. C'est à raison de cela que la reine Jeanne, dans son testament de 1340, le comprend pour une somme de quatre sols dans les distributions annuelles qu'elle ordonna de faire aux membres des Quinze-Vingts, tandis que le maître n'y est compris, ainsi que le procureur, que pour deux sols.

L. Le besoin d'avoir un *Greffier* ne se fit sentir que lorsque le chapitre commença à écrire ses délibérations ; ce qui eut lieu dans le XVe siècle, ou au commencement du seizième. L'arrêt du Parlement, qui modifie un

---

(1) Arrêt du parlem., 22 déc. 1520 ; mandem. du 30 juillet 1641.
(2) Dans un contrat d'acquisition de 1304, il est appelé *ministre et procureur*.
(3) Requête, 1790.
(4) Règl. cap., 17 nov. 1521.

arrêt du Grand-Conseil de 1522, énonce que ce fonctionnaire sera à la nomination du chapitre. Il lui était défendu de se faire remplacer. Il était chargé de toutes les écritures (procès-verbaux, sommations, etc.).

M. Pour assister le maître et le ministre dans l'exercice de leur charge, le chapitre général nommait, en outre, tous les ans, des *jurés*, délégués de la communauté, et tirant leur nom du serment qu'ils prêtaient, comme il a été dit ci-dessus (au 2e alinéa du paragraphe D). Ceux-ci furent d'abord au nombre de quatre. En 1394, ils intervinrent, avec le maître et le ministre, pour des échanges, au nom de la Congrégation. En 1464, ils étaient six et recevaient des appointements (1).

N. La *chapelle* bâtie par S. Louis dans l'enclos des Quinze-Vingts était, par le fait de son établissement, chapelle royale. Ce prince la dota de la maison qu'il avait fait construire, jointe et contiguë à la chapelle, pour le logement du prêtre qui la desservirait, et ajouta à cette dotation douze livres parisis de rente sur la *recepte* de Paris (2). Il nomma lui-même le chapelain, et ses successeurs continuèrent de le désigner jusqu'au moment où le trésorier de la Sainte-Chapelle fut chargé, par lettres patentes, de conférer pour le roi toutes les chapellenies royales de la prévôté et vicomté de Paris. On ne sait pas ce qu'était le chapelain choisi par Louis IX ; mais Réné Dumont, l'un de ceux qui lui succédèrent, dit, dans une requête au prévôt de Paris, en date du 7 avril 1497, que l'on eut toujours soin d'investir de ce bénéfice un docteur de la maison de Sorbonne ; ce qui me paraît assez vraisemblable, vu sa qualité de chapellenie royale.

Le chapelain royal de la maison des Aveugles n'avait qu'à dire la messe, seulement les dimanches et lors des fêtes annuelles. Tous les secours religieux étaient administrés par la paroisse de Saint-Germain-l'Auxerrois, sur laquelle était sis l'enclos des Quinze-Vingts. C'est sans fondement que l'évêque de Senlis, premier aumônier du roi, prétend (3) que, dès le temps de S. Louis, les Quinze-Vingts étaient exempts de la juridiction ordinaire, et soumis directement à celle du grand-aumônier.

Le procès-verbal de la consécration faite le 16 août 1393, porte que la chapelle de la maison des Aveugles fut dédiée à la Sainte-Trinité, à la Sainte-Vierge et à Saint-Remi. Cette assertion est contredite d'abord par le

(1) Déclar. des rentes amort. 1464.

(2) Requête de R. Dumont, janvier 1497 ; Mém. et supp. du 7 avril 1497 ; Bulle du XI des kal. de déc. 1261 ; Vie de S. Louis par le confesseur de la reine Marguerite, ch. II.

(3) Dans un mémoire qu'il présenta au garde des sceaux, en 1786.

confesseur de la reine Marguerite, qui nous append que S. Louis « la fist fère en l'oneur de Saint Remi; » ensuite par l'exposé que présenta Louis IX aux papes Alexandre IV, Urbain IV et Clément IV, lorsqu'il les pria d'attacher des indulgences à la solennité de la translation des reliques de Saint Remi; et, enfin, tant par le titre de *chapelain de Saint-Remi* que prit et conserva le chapelain des Quinze-Vingts, que par les bulles qui accordent des indulgences à ceux qui assisteront au service religieux célébré dans l'établissement en question. Parmi ces bulles, on en remarque deux de Clément VII, l'une, du 26 septembre 1378, octroyant un an et quarante jours d'indulgences à quiconque visitera la chapelle et fera une aumône à la maison des Aveugles, aux fêtes de Noël, etc. de S. Louis, de S. Remi, etc., sans faire mention de la fête de la Sainte-Trinité; l'autre, du 18 mai 1389, déclarant que la chapelle est sous le vocable de St-Remi, de St-Louis et de Ste-Anne. Il faut donc rectifier l'assertion précitée, et regarder la chapelle des Quinze-Vingts comme ayant été consacrée à la Sainte-Trinité et à la Sainte-Vierge, sous le titre de St-Remi. La translation des reliques de ce dernier patron, qui devait s'effectuer pendant 1260, ainsi que l'attestent les indulgences accordées, le 22 juillet de cette année, par Alexandre IV, fut différée, je ne sais pour quelle raison, et n'eut lieu que vers la fin de 1263. Urbain IV, à qui Louis IX s'était adressé après le décès d'Alexandre IV, avait concédé, à son tour, des indulgences par bulle du 22 novembre 1261; ce qui prouve que la translation devait être célébrée vers le commencement de 1262. Enfin Clément IV, par une bulle du 23 septembre 1265, voulant, dit-il, que la chapelle de St-Remi fût fréquentée et honorée, attacha un an et 40 jours d'indulgences au jour de ladite translation, et en octroya à perpétuité pour le jour de l'anniversaire de celle-ci. De plus, il en concéda cent jours, qu'on pouvait gagner chacun des jours des trois mois qui suivrait immédiatement cette translation.

o. A chacun des autels de la chapelle des Quinze-Vingts, ainsi qu'à l'infirmerie, furent créées de nouvelles chapellenies qui, comme la première, prirent rang parmi les royales, de sorte que les chapelains royaux des Trois-Cents Aveugles de Paris furent bientôt au nombre de neuf, savoir: celui de Saint-Remi qui était le premier ou chefcier, celui de Saint-Jacques le Majeur, deux de Saint-Louis, celui de Saint-Sanctin, celui de Sainte-Anne, celui de Sainte-Agathe, celui de Sainte-Suzanne, et celui de Saint-Nicaise (à l'infirmerie). Après le chapelain perpétuel de Saint-Remi, le plus ancien me paraît être celui de Saint-Jacques le Majeur, dont l'autel fut refait à neuf par Jean Petit, bourgeois et drapier de Paris, ainsi qu'il appert par une bulle du 31 octobre 1307 qui, à cette occasion, dispense cent jours d'indulgences aux fidèles qui le visiteront et laisseront une aumône à la maison des Aveugles. Les autres chapellenies ont été fondées, à mon avis, celle de Sainte-Anne vers 1320, les deux de Saint-Louis dix ans plus tard, et celle de Saint-Nicaise lorsqu'on établit l'infirmerie. Il n'a pas été possible de découvrir autre chose dans les archives des Quinze-Vingts, si ce n'est un instrument, d'après lequel il résulterait que la dotation du chapelain royal de Sainte-Anne n'était que de quatre livres parisis. Les autres ne devaient pas être plus largement dotés; mais ils avaient, en outre, sur les services de fondation, un droit d'assistance, dont celle de Jeanne de Bourbon donnera une idée assez exacte. Cette princesse ordonna que, pour la messe fondée par elle, il serait distribué 12 deniers aux frères et sœurs, plus 2 sols à partager entre les malades, 3 sols au maître, 4 sols au ministre, 2 sols au procureur, 2 sols au prêtre officiant, 18 deniers au diacre et au sous-diacre, 12 deniers à chacun des choristes, 1 sol aux autres prêtres, 2 sols au clerc, 12 deniers à diviser entre les enfants de chœur, et 5 sols à la boîte du luminaire. La conscience du maître et celle du ministre de la congrégation sont chargées d'exécuter loyalement et charitablement ces dispositions. Ces neuf chapellenies royales subsistèrent et furent occupées jusqu'à la suppression des bénéfices anciens, en 1790.

P. Aux Quinze-Vingts, comme dans toutes les congrégations, le *chapitre* représentait la communauté, représentée elle-même par tous les membres de l'assemblée générale (appelée *chapitre général*), et simplement par les chefs de l'établissement et les délégués des Aveugles dans les *assemblées ordinaires* qui avaient lieu une fois par semaine, le dimanche (1), tandis que l'*assemblée générale* se tenait une fois par an, le jour de la Saint Jean-Baptiste (2); c'est dans cette dernière réunion qu'on élisait le ministre. Le chapitre général réglait la police et le bon gouvernement de la maison, acceptait les donations, faisait les achats et les ventes, passait les baux, déterminait l'emploi des revenus ou l'usage des ressources de l'œuvre. Il nommait à toutes les places vacantes, excepté à celles du maître, du chapelain de Saint-Remi et des autres chapelains royaux dont le roi s'était réservé la désignation. Il installait le maître et le chapelain choisis par le roi, et les mettait en possession de leurs droits temporels. Il informait sur les Aveugles nommés par le grand-aumônier, les agréait ou les refusait, et, dans le premier cas, recevait leurs serment, vœux et profession de fraternité, comme l'attestent les anciennes lettres d'admission.

(1) Procès-verb. d'exécut. des statuts, 12 avril 1523.
(2) Ord. Geoffr. de Pomp., 1493.

Au pouvoir administratif il réunissait le judiciaire (1), mandant à sa barre les délinquants, et procédant contre eux par information, audition de témoins, interrogation, sentence, signification. Les peines qu'il prononçait étaient l'amende ou suspension temporaire du prêt (l'allocation journalière faite par la maison à chaque Aveugle), la prison, l'exclusion temporelle ou perpétuelle.

Q. S. Louis voulut que l'*aumônier du roi*, aujourd'hui grand-aumônier de France, fût chargé de visiter la congrégation des Quinze-Vingts, et en nommât les membres (2). Le droit de visite comprenait alors celui de réformer les communautés et de les ramener, quand il le fallait, à l'observance de leurs statuts. Accordé à un prélat qui se trouvait sur les lieux, et réuni à celui de nomination, il impliquait un droit de surveillance et de haute administration, qui ne pouvait être, et ne fut en effet, que favorable à l'œuvre, tant qu'il resta ce qu'il devait être.

Dans le but d'exercer avec plus de soin leurs fonctions paternelles, les aumôniers désirèrent que le *sous-aumônier* (plus tard appelé *vicaire de la grande-aumônerie)* les suppléât dans cette partie de leur charge, quand ils ne purent plus s'en acquitter avec la même assiduité. De cette manière, l'administration des Quinze-Vingts ne fut jamais privée de leur assistance, ni la maison de leur puissante protection. L'aumônier ou son vicaire, et quelquefois l'un et l'autre, présidaient le chapitre, constataient par eux-mêmes les besoins de l'hospice et contribuaient toujours efficacement à y pourvoir. Plusieurs d'entre eux aidèrent de leurs deniers et firent prospérer l'établissement. Jean de Grandpré y choisit sa demeure, et se fit bâtir une habitation que ses successeurs occupèrent, ce qui les liait plus étroitement à la congrégation. Michel de Branche fit reconstruire la chapelle. Jacques Amyot et un grand nombre d'autres firent, en mourant, des legs pieux, à charge de fondations. Tous enfin employèrent leur crédit auprès du souverain pour conserver aux pauvres Aveugles cette assistance généreuse dont ceux-ci avaient besoin.

Les aumôniers ne pouvaient modifier les statuts des Quinze-Vingts, sans l'intervention du prince ou du parlement, ni donner des règlements, sans en avoir délibéré avec le chapitre, ou sans en avoir été priés par ce dernier. Cependant, François de Molins, grand-aumônier de France, entreprit de refaire les dits statuts, à cause de l'état déplorable et exceptionnel dans lequel était tombé l'asile des Aveugles, le nombre de ses membres étant descendu à vingt-cinq ou trente tout au plus. Les Quinze-

(1) Requête, 1790.
(2) Lettres patentes, mars 1269.

Vingts se pourvurent alors au parlement, qui annula ce qu'avait fait de Molins, et obtint que l'administration de l'œuvre fût reconstituée par édit du roi François Ier, comme il sera dit en son lieu. Sous Louis XVI, le parlement fit aussi des efforts désespérés pour arrêter les déplorables malversations qui ont englouti une bonne partie de la fortune des Quinze-Vingts. En rappelant ces funestes abus d'autorité, je ne puis m'empêcher de faire remarquer qu'ils ne se sont produits que deux fois dans l'espace de six siècles, et dans des circonstances toutes particulières ; ce qui prouve combien était juste, raisonnable et modérée la domination des grands-aumôniers sur la maison des Quinze-Vingts. Je ne dois pas non plus oublier de dire qu'ils considéraient leur qualité de supérieurs de cette société comme une des plus belles prérogatives de leur charge, et que, jusqu'au dernier moment, ils ont montré, pour la prospérité de l'œuvre, un zèle actif qu'il n'est pas ordinaire de rencontrer.

Tous les ans, le ministre rendait compte au grand-aumônier de l'emploi des revenus de l'hôtel remis entre ses mains. Après son élection, c'était devant ce dignitaire qu'il jurait de bien et loyalement exercer ses fonctions ; ainsi faisaient les jurés et les receveurs (1).

R. Une légende de 1473 nous apprend que Louis IX « donna pour Dieu de larges aulmônes aux Aveugles » ; et on lit, dans la vie de ce roi, écrite par le confesseur de la reine Marguerite, que « les trois cents Aveugles avoient sur la bourse du roi des rentes pour potages et autres choses, et qu'il donna des rentes à leur église ». Toutefois, on ne trouve, dans les archives de l'établissement, d'autres titres de rente que celui de la rente de douze livres parisis dont S. Louis dota le chapelain, et celui de la rente de trente livres parisis qu'il assigna aux Aveugles sur les biens des Templiers, pour être employée à leur fournir du potage (2). Il ne paraît pas qu'il leur ait laissé rien de plus. Jean de l'Aigle exposa, dans une supplique au pape, que le saint roi, prévenu de mort, n'eut pas le temps de doter les Quinze-Vingts ; ce qui est possible ; mais il peut se faire aussi que le prince-fondateur ait tenu pour dotation convenable, dans un temps où florissaient les ordres mendiants, le privilége exclusif de quêter dans toutes les églises du royaume, et la ressource des aumônes de la couronne. Ce qui prouverait qu'il l'entendait ainsi, c'est que sa congrégation des Quinze-Vingts est peut-être le seul établissement de bienfaisance, auquel il n'ait rien laissé par son testament fait en février 1269 ; oubli qui se trouve, il est vrai, réparé, en quelque sorte, par la donation particulière qu'il lui

(1) Ordonn., juin 1493.
(2) Lettres patentes, mars 1269.

fit, le mois suivant, de trente livres parisis de rente. Loin que mon induction en soit affaiblie, elle est fortifiée par les dernières volontés (de juillet 1282) du duc d'Alençon (fils de Louis IX), qui stipula des legs à tous les hôpitaux de Paris, et rien aux Quinze-Vingts, tandis que Jean Sarrazin, ancien valet de chambre du bon roi, avait donné à ceux-ci, en 1275, une rente de six livres pour pitance.

Quoi qu'il en soit, c'est sans fondement que l'éditeur du propre de S. Louis et de S. Remi, vers le milieu du XVIIIe siècle, disait aux Aveugles « qu'ils subsistoient par les libéralités de ce saint roi ». Ils subsistaient par un effet de sa bienveillante sollicitude, et vivaient des moyens dont il les avait pourvus, lesquels consistaient : 1° dans les 30 livres parisis de rente (1), et le privilége de quêter dans toutes les églises de Paris habituellement ; 2° dans celui de faire prêcher des indulgences par tout le royaume ; 3° dans les dons gratuits dont ils étaient l'objet, ou les donations à charge de service religieux ; 4° dans les immunités civiles ; 5° dans les successions des membres aveugles et voyants ; 6° dans la location des bâtiments inoccupés, et dans les autres produits de leurs possessions acquises.

s. Conformément aux usages du temps, qui avaient mis en honneur la pauvreté chrétienne et relevé la mendicité par l'institution des moines dont l'aumône des fidèles seule soutenait l'existence, les Aveugles formaient une congrégation laïque du genre des ordres mendiants. Leur principale ressource était dans les tributs de la charité publique. Six d'entre eux allaient les recueillir journellement dans Paris. Aucuns quêtaient d'ordinaire dans les églises de cette ville, tandis que d'autres quêtaient extraordinairement dans les églises du royaume. Les premiers le faisaient durant le service divin, et portaient la fleur de lis sur la poitrine, la boursette, la *campane*, la boîte et les reliques, ainsi que s'expriment des lettres patentes du 23 mars 1463. Ils venaient immédiatement après les quêteurs de la fabrique (2).

T. Pour favoriser ces quêtes et en accroître le produit, Clément IV exhorta les archevêques et évêques à aider les quêteurs de leurs conseils et de leur protection, par une bulle du 20 septembre 1265. Deux jours après, il

---

(1) Cette rente fut confirmée par Philippe-le-Hardi, en février 1317, ainsi que celle de 6 livres donnée par Jean Sarrazin. Ce roi en ajouta lui-même deux, une de 60 livres parisis pour le vêtement des Aveugles, et une autre de 20 livres pour leur pitance, amortissant, on outre, gratis en revenus et en censives, ou autrement, tous leurs biens immeubles qu'ils avaient légitimement acquis. (Lettres patentes, février 1317).

(2) Lettre du gouvern., 1er août 1665.

accorda, par une nouvelle bulle, 40 jours d'indulgences à quiconque leur donnerait de ses biens. Les successeurs de ce pontife montrèrent tous la même sollicitude. Quatre-vingt-dix-sept bulles, restées dans les archives des Quinze-Vingts, attestent hautement ce fait historique. Des indulgences furent aussi octroyées à l'établissement par des cardinaux-légats du Saint-Siége, un vice-légat d'Avignon, onze cardinaux assemblés à Sienne, quinze archevêques ou évêques réunis à Avignon, et autres évêques, dans les limites de leurs pouvoirs. Les abbés et les religieux de Saint-Denis, de Saint-Germain-des-Prés, de Sainte-Geneviève, de Saint-Maur, de Saint-Magloire, de Saint-Victor et de Saint-Martin-des-Champs, par une charte commune qu'ils donnèrent à la maison des Aveugles le 15 mars 1345, à l'exemple de leurs prédécesseurs, recommandèrent leurs quêteurs à tous les catholiques, et associèrent à leurs prières et bonnes œuvres tous ceux qui leur donnaient. Le général des FF. Mineurs, celui des religieuses de Notre-Dame-du-Mont-Carmel, celui des hermites de Saint-Augustin, en firent autant. Vingt-deux de ces pièces de pardons ou d'indulgences ont été analysées dans un *vidimus* du 9 août 1439. Elles portaient : 1º remise, chaque année, aux bienfaiteurs des Quinze-Vingts, de 3023 jours des pénitences à eux imposées ; 2º association aux prières et bonnes œuvres qui se font dans la maison et dans les monastères de Saint-Denis, Saint-Germain-des-Prés, Saint-Victor, Saint-Maur, Saint-Magloire, Sainte-Geneviève et Saint-Martin-des-Champs, et dans tous les couvents qui en dépendaient ; 3º participation aux heures canoniales chantées quotidiennement aux Quinze-Vingts, et aux 3650 messes célébrées annuellement pour les bienfaiteurs. Tous ces priviléges furent confirmés par Eugène IV (bulle du 27 juin 1431). Dans ce même *vidimus* se trouve transcrite intégralement une bulle de Jean XXII, accordée à la prière du roi de France, et dans laquelle, après avoir ordonné, sous peine de supense et d'excommunication, à tous les prélats et autres personnes ecclésiastiques, de bien accueillir les porteurs de ses bulles et de publier les indulgences par lui octroyées, le pape attacha, à chaque aumône faite aux Aveugles de l'hospice, un an et 40 jours d'indulgences.

Presque toutes les bulles d'indulgences concédées jusqu'ici, le sont à perpétuité. Martin V n'accorda la sienne que pour dix ans, avec la clause expresse qu'elle serait de nulle valeur, s'il en avait déjà donné une à perpétuité pour le même objet, ou pour un temps qui ne fût pas encore expiré. Cette bulle, du 30 janvier 1419, ne dispense que quarante jours d'indulgences à gagner chaque jour et chaque fois que l'on donnera pour les Quinze-Vingts qui, par suite des guerres dont le royaume a été désolé, ne peuvent ni vivre, ni réparer, ni entretenir leur maison. Le pape enjoint aux quêteurs de porter cette bulle avec eux. Benoît XIII, par bulle du 27 septembre 1405, défendit, sous peine d'excommunication, de rien détourner des pieuses largesses des fidèles en faveur de l'institution des Aveugles. La prudente modération et la circonspection de Martin V contraste avec l'excessive prodigalité attribuée à quelques-uns de ses prédécesseurs, dans les bulles dont il ne nous reste que l'analyse. Cette considération et quelques autres donnèrent lieu de suspecter l'authenticité de plusieurs de ces bulles dont les quêteurs des Aveugles présentèrent la copie certifiée. Pour lever toute incertitude à cet égard, les Quinze-Vingts soumirent à huit docteurs celles qu'ils étaient intéressés à mettre hors de tout soupçon, et obtinrent d'eux une consultation sur leur validité et leur durée. Dans ces siècles dominés par l'esprit de dévotion, le désir de gagner des indulgences (ou pardons, comme on les appelait alors) était un attrait puissant, propre à leur procurer d'abondantes collectes.

v. Je passe sous silence des essais de réforme tentés fort mal à propos vers 1520, ainsi que de très-vives discussions qui s'élevèrent, à la même époque, entre Martin Hennequin, licencié ès lois, chanoine et trésorier de Saint-Etienne de Troyes, vicaire et lieutenant du cardinal de Boisy (grand-aumônier de France), et le chapitre de la maison royale des Quinze-Vingts. Ces détails, qui, comme plusieurs autres, n'ont qu'un intérêt purement historique, ne sauraient trouver leur place dans le plan que je me suis tracé.

Les revenus de la congrégation continuellement accrus auraient été très-considérables ; mais, outre que les rentes des Aveugles perdaient progressivement de leur valeur et se réduisaient à rien par suite de la dépréciation du numéraire, et que leurs maisons finissaient par tomber en ruine (1), ils perdirent, durant les guerres civiles, tout ce qu'ils possédaient sur des habitations qui furent démolies ou détruites faute de réparations, comme aussi leurs rentes reposant sur des établissements dont l'existence fut compromise, tandis que leurs propriétés furent, ainsi que beaucoup d'autres, saccagées et anéanties (2). Les souverains pontifes, en cette circonstance, manifestèrent encore leur bienveillance. Benoit XII, par bulle du 6 juin 1335, nomma l'abbé de Saint-Martin (près Pontoise), conservateur et juge apostolique, avec pouvoir de procéder par censures contre les ravisseurs ou détenteurs. Clément VII, par bulle du 26 septembre, nomma pareillement conservateur et juge apostolique, avec les mêmes pouvoirs, l'évêque de Senlis, les abbés de Sainte Geneviève de Paris et de Saint-Leu

____

(1) Les Aveugles prétendaient qu'il valait-mieux s'occuper des pierres vivantes, que des pierres mortes de l'asile qui leur avait été ouvert par S. Louis.

(2) Bulles des 6 juin 1335, 1er juin 1370, et 6 septembre 1378.

de Troyes. Ce qu'on recouvra de biens perdus ne fut pas très-considérable, puisque, d'après l'exposé que Jean de l'Aigle fit à Sixte V, les revenus de l'établissement, en 1483, se montaient à peine à 30 livres tournois. Aussi voit-on, par les titres contemporains, que le nombre des personnes qui, en 1464, était encore de trois cents dans « l'hostel, hospital et congrégation » (1), était réduit, en 1522, à vingt-cinq ou trente frères et sœurs tant aveugles que voyants.

La déclaration des rentes amorties, qui nous dévoile l'état de ce personnel en 1464, nous apprend qu'il était dû alors 510 livres parisis sur les 120 livres données par S. Louis ou par son fils, et que les Aveugles en quittèrent le roi, prédécesseur du régnant ; ce qui prouve combien était pauvre en ce moment la couronne de France. Il est évident que les habitants de l'hôtel, à bout de leurs ressources, durent, dès ce moment, cesser d'admettre des frères nouveaux, et ne trouvèrent plus à en recevoir qui leur apportassent leurs biens ; ce qui fut cause qu'en 1522 ils furent si peu nombreux et dans un état de dépérissement qui nécessitait une réorganisation ; car chacun quêtait pour soi et non pour la communauté, ainsi qu'il conste en vertu de l'article 13 des statuts rédigés par François de Molins. Cette situation avait été amenée d'abord et surtout par les dissensions civiles qui avaient interrompu les rapports existant entre la capitale et les provinces ; or, comme alors chaque Aveugle, propriétaire d'un peu de biens, était porté à rester au sein de sa famille, la congrégation était forcée d'accueillir les aveugles vagabonds dont l'admission appauvrissait et déconsidérait l'établissement ; ceci devenait une seconde cause d'affaiblissement pour l'asile qui, chaque jour, perdait son caractère de congrégation, pour prendre celui d'un hôtel-Dieu et d'un hôpital. Le bon roi ne prévoyait pas ce résultat, lorsqu'il statuait que le nombre serait perpétuellement de trois cents, et qu'il chargeait le grand-aumônier de le tenir continuellement au complet. Sous son règne et sous celui de son successeur, les Aveugles qui jouissaient d'une certaine aisance se sentaient honorés de l'association qu'il leur avait ménagée. Ils la recherchaient avec empressement et apportaient volontiers à l'œuvre leur petit avoir, en échange du complément qu'elle leur fournissait et des avantages plus précieux encore offerts par les relations sociales que la congrégation leur permettait de rétablir, avantages qui, pour l'aveugle, sont infiniment préférables aux autres.

v. Les Quinze-Vingts formaient ce que l'on appellerait aujourd'hui une *société d'assistance mutuelle*, dans laquelle chacun d'eux mettait sa per

(1) Déclaration de rentes amorties, 1464.

sonne et son avoir, apport compensé par une position honorable, sûre, paisible, sans souci pour l'avenir, laquelle lui était garantie par la bonté du souverain et la vigilance des directeurs. Si l'on considère que l'aveugle le plus malheureux et le plus digne de commisération n'est pas celui qui, né et élevé dans la misère, vit de la charité publique dont le secours ne lui fait défaut nulle part, mais celui qui, accoutumé dès le berceau aux douceurs de l'aisance, perd, avec la vue, son industrie, sa profession ou ses autres moyens d'exister, menacé de tomber bientôt dans le dénû ment qu'il n'a jamais connu et qu'il supporte avec plus de peine encore que la privation de la lumière, on comprendra mieux ce qu'avait de vraiment philanthropique la sage institution de S. Louis, et pourquoi la communauté admise à délibérer sur les admissions faites par l'aumônier du roi, repoussait celles qui ne pouvaient se concilier avec ses intérêts, sans violer les droits sacrés de l'humanité. Elle donnait la préférence à ceux qui avaient quelque chose, non pas à raison de ce qu'ils possédaient, mais à cause de leur position plus intéressante. En leur laissant la jouissance de tout leur avoir, elle exigeait d'eux la donation pleine et entière en faveur de la maison qui, après leur décès, devenait héritière et faisait servir la succession à augmenter le bien-être des survivants. Cette disposi‑ tion des statuts est, à mon avis, l'une des plus justes et des mieux entendues. Ou l'aveugle, qui sollicite son admission aux Quinze-Vingts, peut se passer de l'assistance viagère offerte par l'établissement, ou il en a besoin. Dans le premier cas, tout ce qu'il recevra sera un vol fait aux pauvres, pour lui permettre d'accumuler ou lui faire mener une vie plus douce ; il doit alors restituer à la société non-seulement ce qu'il tient d'elle, mais encore indemniser les malheureux Aveugles du tort qu'il leur a porté, et, pour peu qu'il ait joui de ce bien-être indu, sa fortune entière suffira rarement à réparer son injustice et son vol. S'il restait quelque chose en plus, ce serait une amende bien légitime en punition d'une conduite plus que répré‑ hensible. Si l'Aveugle admis n'a pas de quoi subvenir à ses besoins, il est évident qu'il mange ou va manger son fonds, et qu'il l'aura bientôt dissipé entièrement. Partant, s'il le conserve ou l'accroît, ce n'est qu'au dépens des Quinze-Vingts, de sorte que ce qu'il en laissera sera proprement leur bien mis en réserve par lui. En le prenant et en le retenant, la con‑ grégation ne faisait que retirer de la succession de ses membres ce que ceux‑ ci lui avaient emprunté. On pourrait croire aussi, comme le disent les Aveugles (page 3 de leur requête présentée en 1790 à l'Assemblée Nationale), que ce privilége est un de ceux qui, par le laps du temps, ont contribué le plus puissamment à élever le chiffre des revenus de leur maison, parce que ce serait celui qui, de nos jours, tendrait le plus efficacement à ce but ; mais c'est tout autrement que les choses se sont passées. Outre que l'on recevait beaucoup de membres tant aveugles que voyants, qui ne possédaient rien et qui, pendant leur vie, grevaient la communauté d'une charge beaucoup plus forte que ne l'était le soulagement résultant de la succession de ceux qui possédaient, il arrivait que ce que laissaient en mourant les membres de la classe indigente était si minime, qu'il fallait un grand nombre de ces héritages pour créer un revenu suffisant. Les possessions d'Aveugles consistaient le plus souvent ou en meubles que l'on vendait et dont le produit était distribué aux survivants, ou en argent qui avait la même destination. « L'aisance s'étant accrue, les enfants des Quinze-Vingts ont, dans la suite, partagé la succession de leur père avec la maison, et leur veuve en ont eu la jouissance leur vie durant », disent les Aveugles dans leur requête précitée (page 4).

x. Par la nature de leur infirmité, les Aveugles des Quinze-Vingts étaient naturellement dispensés d'aller remplir leurs devoirs religieux hors de leur hôtel ; ils pouvaient donc prétendre à former une paroisse exempte. De nos jours il n'y aurait pas eu la moindre difficulté; mais alors les paroissiens étaient soumis à des redevances personnelles; les églises qui s'entretenaient elles-mêmes, avaient des droits à percevoir, et, comme les curés, elle devaient tenir à les faire respecter, et y tenaient en effet. Il fallait donc, en se séparant de la paroisse, indemniser l'évêque, le curé-doyen, le chapitre et l'église de Saint-Germain-l'Auxerrois. Les Quinze-Vingts ne purent le faire que successivement. S. Louis avait promis une rente de 30 livres parisis au chapitre de Saint-Germain pour procurer à sa maison des Aveugles le droit d'avoir un cimetière. Il avait aussi le dessein de traiter avec l'évêque de Paris; mais ce roi mourut avant d'avoir terminé cette affaire. Les Aveugles la poursuivirent vivement. Il acquirent de ce prélat, en échange d'un contrat de dix livres parisis de rente, un terrain qui leur fut vendu et amorti par acte de mars 1281, sous réserve de la seigneurie pour l'évêque et ses successeurs, et, moyennant la cession d'un contrat de rente de six livres parisis, le droit d'avoir un oratoire et deux cloches chacune de cent livres pesant.

Le curé et le chapitre de Saint-Germain-l'Auxerrois, réduisant leurs exigences au tiers de ce que le roi voulait leur donner généreusement, acceptèrent les dix livres et 15 sols parisis de rente que Guillaume Barbier, dit Pied-de-Fer, avait donnés aux Aveugles. Moyennant cette indemnité, ils ratifièrent la concession du droit d'avoir un clocher, un cimetière, et d'y enterrer eux-mêmes leurs morts et ceux de leur enclos, sans être obligés de les présenter à l'église paroissiale, ainsi que le droit d'avoir deux cloches et de les sonner quand bon leur semblerait. Cet acte, daté de juin 1282, le samedi avant la Saint-Jean-Baptiste, fut ratifié par l'officialité de Paris, sauf les droits de luminaire, d'oblation et autres droits déjà compris dans un accord précédent que ne contiennent pas les archives de l'établissement (juin 1283).

En 1320, Philippe-le-Long témoigna au pape le désir de voir le chapelain perpétuel des Quinze-Vingts seul chargé de la direction spirituelle de tous les hôtes de l'enclos, et seul investi des droits et priviléges curiaux, après avoir indemnisé les parties intéressées. Jean XXII lui envoya une bulle datée du 5 août, par laquelle il autorisa l'évêque de Paris à constituer les Quinze-Vingts en cure, en l'invitant à le prévenir des difficultés qui pour-raient surgir. L'évêque ne tint aucun compte de cette bulle, et les choses restèrent forcément dans le *statu quo* pendant 33 ans. Mais, sous Innocent VI, le roi Jean représenta que la maison des Aveugles était trop éloignée de Saint-Germain-l'Auxerrois dont elle dépendait, et où ils étaient forcés d'aller satisfaire à leurs devoirs paroissiaux. Il lui demandèrent donc, pour les chapelains qui leur disaient la messe, de les entendre en confession et de leur administrer licitement tous les sacrements, sauf acquit des droits paroissiaux; ce qui fut octroyé par bulle des nones (du 3) de février 1353. Cette concession fut renouvelée par Urbain V en juillet 1366. L'évêque de Paris contrarié, usant de son droit et dans l'intérêt de son église, somma les Aveugles de vendre les rentes non amorties qu'ils possédaient sur sa censive. Il fallut transiger, et ils n'eurent la faculté de les con-server qu'en payant cent francs d'or à titre d'indemnité (accord de juillet 1366). Plus tard, en 1371, l'évêque leur fit la même sommation et, cette fois, il leur fallut compter deux cents francs d'argent pour la conserva-tion des dites rentes. Ces réclamations, peut être un peu trop sévères, d'un droit auquel ces prélats paraissaient avoir libéralement renoncé, pou-vaient avoir été provoquées par la conduite ou par les discours narquois des Aveugles, ce qui ne saurait être un motif d'excuse complète.

L'officialité de Paris, entrant dans les dispositions peu favorables des évêques, contestait, autant qu'elle le pouvait, la validité des priviléges que les Quinze-Vingts avaient obtenus de la plénitude d'un pouvoir qui n'avait pas toujours été généralement accepté en France, et qui par-là même, et dans l'intérêt des principes, pouvait être considéré comme douteux.

Six jours après l'avènement de Clément VII au souverain pontificat, les Aveugles, voulant se mettre définitivement à l'abri de toutes ces vexa-tions, sollicitèrent auprès du pape une nouvelle expédition de la bulle d'Innocent VI qui investissait leurs chapelains de toutes les fonctions curiales, avec l'autorisation de baptiser leurs enfants, attendu qu'ils avaient la liberté de se marier. Il demandèrent aussi que les oblations ou offrandes paroissiales ne sortissent pas de leur maison et restassent à leur chapelle.

En même temps le roi soutint pour eux la nécessité de les exempter complétement de la juridiction de l'ordinaire, et d'en faire l'attribution à leur aumônier qui avait la surveillance de leur congrégation. Le pape répondit à la prière du prince par une bulle du 24 octobre 1387. Il statua d'autorité apostolique que la connaissance et la décision de toutes les causes personnelles, comme aussi l'information, la correction et la punition de tous les délits, appartiendraient à l'aumônier du roi, s'il était ecclésiastique, ou autrement au chapelain perpétuel (1) de leur chapelle, qui était le chapelain de St-Remi, déclarant nul et de nul effet ce qui serait fait à l'encontre de ces droits. Par deux autres bulles du même jour, il concéda aux Aveugles ce qu'ils demandaient de leur côté. Il arrêta que les offrandes paroissiales faites par leur chapelle leur resteraient après la mort du curé, alors vivant, de St-Germain-l'Auxerrois, moyennant six livres de rente qu'ils payeraient aux titulaires ses successeurs, s'ils étaient prêtres, et trois livres seulement, s'ils étaient laïques. Le cardinal de Sainte-Suzanne, nonce en France, ordonna l'exécution de la bulle d'exemption, et nomma, pour cela, l'abbé de Sainte-Geneviève, celui de Saint-Magloire et celui de Saint-Germain-des-Prés (bulle du 15 mai 1389).

L'affaire des rentes et propriétés venait d'être arrangée. L'évêque de Paris avait consenti à leur amortissement, moyennant vingt livres de revenu annuel, plus cent livres une fois payées pour la peine et salaire de ceux qui s'étaient entremis dans cette négociation (charte de 1388). Le curé de Saint-Germain-l'Auxerrois, qui n'avait voulu entendre à aucun accommodement, étant venu à mourir, son successeur consentit, par acte passé devant deux notaires, le 19 juillet 1397, à laisser les offrandes de toute nature à la chapelle des Quinze-Vingts, en échange d'une rente de six livres, accord qui fut renouvelé le 12 avril 1399; et la rente fut fixée à 18 livres par arrêt du parlement.

Probablement il y eut contestation au sujet des priviléges ; car l'on voit, par un procès-verbal du 13 août 1390, que la bulle de Clément VII, contenant celle d'Innocent VI, fut publiée par un notaire apostolique, et signi-

---

(1) Le chapelain perpétuel, chargé par les bulles d'exemption de remplacer le grand-aumônier, lorsque celui-ci est laïque ou absent, dans l'exercice de la juridiction ecclésiastique sur la maison des Quinze-Vingts, est le chapelain royal de Saint-Remi, qui était le chefcier et le premier chapelain de cette maison. Il semble qu'aucun doute n'aurait dû s'élever à cet égard ; mais quelle est la vérité qui n'ait été méconnue par l'intérêt ou par l'ignorance ? Du Peyrat, qui paraît n'avoir composé l'histoire de la chapelle des rois de France que pour prouver que l'on peut se passer d'érudition, de critique et même de jugement, quand on écrit uniquement pour écrire et pour se faire valoir, a prétendu que ce premier chapelain des Aveugles ne pouvait être, dans l'esprit du pape, que le premier chapelain du roi , ou, en d'autres termes, le sous-aumônier. (*Hist. ecclés. de la cour, ou les Antiquités et recherches de la chapelle et oratoire du roy de France, depuis Clovis I jusqu'à nostre temps.* Paris, 1645, in-fol., livre I, chap. LX.)

fiée ensuite au bénéficier titulaire de la cure de Saint-Germain-l'Auxerrois; ce qui cependant n'assura point encore le repos des Aveugles. Ils s'adressèrent au pape Jean XXIII qui, le 8 novembre 1411, les gratifia d'une nouvelle bulle d'exemption plus large et plus précise que celle de Clément VII. Enfin, pour étendre les priviléges des Aveugles et peut-être aussi pour couper court aux prétentions d'une autre nature que continuait d'élever l'évêque de Paris, le pape Martin V accorda aux Quinze-Vingts, par bulle du 7 avril 1419, le droit d'avoir (dans leur maison) chapelle, autels, sacristie, clocher muni de deux cloches, cimetière, fonts baptismaux et autres choses nécessaires au service paroissial, de les faire bénir, et réconcilier par un évêque de leur choix, de chanter grand'messe, faire prêcher et célébrer les offices, sans avoir besoin de l'agrément de l'ordinaire. L'évêque de Paris ayant encore renouvelé ses entreprises contre les droits d'exemption des Aveugles, le parlement intervint, en août 1527, et, à partir de ce moment, l'exemption spirituelle de la maison des Quinze-Vingts ne fut plus contestée.

V. Pendant que les souverains pontifes, à la prière de nos souverains ou en leur considération, comblaient de faveurs spirituelles la congrégation des Aveugles, les rois de France eux-mêmes, voulant (comme le portent des lettres patentes de décembre 1779) que la protection dont ils couvraient celle-ci eût pour effet d'améliorer ses revenus et de lui faciliter le support de ses charges, confirmèrent ses anciens priviléges et lui en octroyèrent de nouveaux. Louis IX avait affranchi les Quinze Vingts et leur avait conféré le droit de quêter dans toutes les églises de France, avec le privilége de porter une fleur de lis attachée sur la poitrine. Philippe-le-Hardi, son fils, leur délivra, en juillet 1312, des lettres patentes de cette dernière faveur. Le roi Jean, pour mettre leurs propriétés à l'abri des dévastations et des rapines en temps de guerre, les prit sous sa sauvegarde spéciale, et leur assigna pour gardien le prévôt de Paris. Il les exonéra des tailles, impositions, gabelles, subsides et autres contributions, sauf pour le cas de rédemption et rançon de sa personne royale, voulant que, s'il surgissait quelque discussion à l'endroit de leurs biens, elle fût incontinent évoquée à lui (mars 1360). Ces lettres patentes furent confirmées par Charles IV, Charles V, Charles VII et leurs successeurs jusqu'à François Ier. Louis XII, par ordonnance du 13 mars 1499, déchargea le sieur d'Issé, l'un des frères quêteurs de l'établissement, des tailles que sa femme avait payées en son absence, « considérant, dit ce prince, que les Quinze-Vingts sont tous francs de toutes tailles, subsides, etc. » Charles VI les affranchit de toute imposition et autre subvention à raison de la vente du vin, toutes les fois qu'ils le vendraient dans l'hôtel et non ailleurs, et les uns aux autres (31 juillet 1405), exemption que confirmèrent les successeurs de ce roi. De plus, considérant que leur maison est de fondation royale, et qu'ils ont au Châtelet plusieurs causes qui languissent, et qu'ils ne peuvent, vu leur infirmité et l'âge avancé de la plupart d'entre eux, aller et venir pour les activer, il ordonne qu'ils « auront deux audiences par semaine sans défaut, contredit ou empêchement, non obstant stile ou usage contraire. » Ces lettres patentes, datées du 14 juillet 1406, publiées au Châtelet le 18 août suivant, offrent cette particularité, que le confesseur du roi et l'aumônier présents les ont signées pour le roi.

La Chambre des comptes reconnut aux Aveugles, par arrêté du 26 novembre 1527, le privilége qu'ils avaient de s'approvisionner de sel au grenier public, en ne payant que le droit de marchand. Les élus, par sentence du 26 juin 1536, condamnèrent le fermier du droit de la bûche à rendre sept livres huit sols qu'il avait reçus en attendant pour paiement du droit qu'il prétendait sur 400 traverses de bois de chauffage que les Quinze-Vingts avaient apportées à Paris. Cette condamnation fut motivée sur ce que, par lettre royale, ils étaient francs et quittes de tout subside, sauf le cas de marchandises, c'est-à-dire de commerce ou celui de la rédemption du roi.

Une ordonnance du 19 octobre 1538 porte que les Quinze-Vingts « ont été exemptés de la juridiction ordinaire du prévôt de Paris, pareillement de la juridiction ecclésiastique de l'évêque de Paris, et que la supérintendance d'icelle maison a été baillée au grand-aumônier et par souveraineté et autrement, ainsi que le cas le requiert, à la cour de parlement, laquelle, suivant ce, a accoutumé d'en prendre connaissance en première instance, exclusivement audit prévôt et tous autres, fors pour le regard des grands-aumôniers qui gouvernent la maison suivant les statuts. » En conséquence, elle ajourne le prévôt de Paris au parlement, auquel elle renvoie l'affaire d'un frère Aveugle scandaleux que ledit prévôt voulait corriger.

L'exemption n'avait lieu que pour les Aveugles eux-mêmes. Ainsi un certain Dryart, marchand de vin, ayant fait tracer, sur son enseigne, ces mots : AUX QUINZE-VINGTS, fut, à la requête des Aveugles, condamné, le 22 mars 1539, par le prévôt de Paris, à supprimer son enseigne ; le maître et le ministre de la congrégation furent autorisés, s'il n'obtempérait pas à cette injonction, à faire enlever ladite enseigne aux frais du condamné.

Les papes confirmèrent les immunités civiles des Quinze-Vingts, par bulles des 26 novembre 1369, 7 mai 1371, 26 septembre 1378, etc. ; de plus, leur accordèrent, à plusieurs reprises, des commissaires chargés de rechercher, poursuivre par censures ecclésiastiques, et punir quiconque avait volé ou retenait leurs biens, ou favorisait les détenteurs (bulles des 6 juin 1335, 26 septembre 1378, etc.).

z. Comme tous les établissements de bienfaisance chrétienne, la congrégation des Aveugles pouvait accepter des donations soit gratuitement, soit à charge de services religieux. Bientôt commencèrent pour eux les donations gratuites et les fondations qui, avec le produit des quêtes et les possessions des membres admis, formèrent, pendant 500 ans, la dotation de cette vaste et importante maison. Les donateurs qui, du vivant de S. Louis, se montrèrent les plus généreux, furent Guillaume Barbier, dit Pied-de-Fer, qui pour « le remède de son âme » donna aux Quinze-Vingts dix livres parisis et cinq sols de rente annuelle et perpétuelle ; Richard le Carrier et Agnès sa femme, qui leur donnèrent une rente de vingt sols parisis ; Hervée, prêtre-chanoine de Saint-Thomas-du-Louvre, qui leur légua 41 sols, 7 deniers et une obole de rente, ainsi qu'une maison sise près du Louvre ; et Jacques de Beaulieu, qui leur laissa pareillement sept sols parisis de rente. Ces donations ne cessèrent point après le décès de Louis IX, et devinrent même très-nombreuses. Les plus considérables furent : 1° celle de Philippe-le-Long qui, confirmant, en tant que de besoin, par lettres patentes de février 1317, le don de trente livres parisis de rente fait par S. Louis pour le potage, donna pour leur pitance 60 livres parisis de rente ; 2° celle de la reine Jeanne, seize livres de rente sur la halle aux poissons (acte d'octobre 1340) ; 3° celle de Pierre Desessarts, une terre close de murs et une fosse à fumier, le tout joignant leur enclos (1343), plus cent sols de rente pour acquitter les lourdes charges qui grevaient cette propriété et empêchaient les Aveugles de l'accepter ; 4° celle de Jean de Grand-Pré, aumônier du roi, une maison qu'il avait fait bâtir dans leur enclos en 1321, et qu'il affecta au logement de ses successeurs ; 5° celle de Girard de Troyes (1307), qui légua aux Aveugles, pour vingt ans, une rente de 20 livres parisis ; 6° celle de Raoul Rousselot, évêque de Laon, dix livres parisis dont ils achetèrent une rente de 21 sols ; 7° celle d'un anonyme, 16 livres parisis de rente, amorties par le roi Jean en avril 1353, et destinées à acquitter les honoraires du prédicateur ; 8° celle d'un autre anonyme, 20 livres parisis de rente, amorties par Charles V en avril 1364, et destinées à rendre perpétuel le service de la chapelle. Nos rois accordèrent aux Quinze-Vingts l'amortissement de ces largesses et de toutes celles qui leur furent faites soit alors, soit ultérieurement ; ce qui était une manière d'en accroître la valeur.

Les premières donations à charge de service religieux furent : 1° celle de Jean Sarrazin, valet de chambre de S. Louis, qui laissa aux Aveugles

6 livres parisis de rente pour leur pitance, à charge d'un anniversaire ; 2° celle de la reine Marguerite, épouse du même roi, qui, en 1277, les gratifia de 4 livres parisis de rente, sous la condition de deux obits ; 3° celle de Marie la Blanchette (1283), 25 sols de rente, pour un anniversaire ; 4° celle d'Etienne, évêque de Paris (1279), 40 sols de rente pour un anniversaire aussi ; 5° celle d'Agnès, femme de Jean Sarrazin (1280), rente de 20 sols également, pour un anniversaire ; 6° celle de Himbert, aumônier de Louis IX (1281), 4 livres, 1 sol et 4 deniers, pour un obit ; 7° celle d'Etienne des Granges, premier maître nommé par ce prince, 4 livres parisis de rente pour deux obits (1282) ; 8° celle de Philippe-le-Hardi, 100 sols de rente pour un obit (1295). Parmi les autres fondations de cette époque, se trouve celle de Nicolas Flamel, dont le testament écrit de sa main, ainsi que divers extraits qu'il en avait faits lui-même, est conservé dans les archives des Quinze-Vingts (1416).

Le rang élevé de ces bienfaiteurs dénote l'intérêt et la vénération qu'inspira, dès son origine, la société dont il est ici question. Outre que S. Louis assistait à l'office le jour de S. Remi, son aumônier, comme il a été dit, résidait dans l'hôtel. Les grands-aumôniers de France, ses successeurs, continuèrent d'occuper la maison qu'il avait fait construire, jusqu'en 1781, où l'établissement fut transféré, de la rue Saint-Honoré, dans la rue de Charenton, sur laquelle il est sis en ce moment.

AA. Comme il a été énoncé plus haut, Philippe, fils de Louis IX, accorda, en 1313, aux quêteurs des Quinze-Vingts, le privilége de porter une fleur de lis, pour les distinguer des Aveugles qui appartenaient à d'autres institutions. Le 3 juillet 1335, il amortit toutes les rentes et revenus qu'ils avaient acquis jusqu'à ce jour, ainsi que l'avait fait le roi, son père. Ses successeurs, par lettres d'attache et autres, les recommandèrent, à leur tour, à la charité de leurs sujets. Les lettres d'attache de Louis XI, du 23 mars 1463, et de Charles VIII, du 5 mars 1483, invitent les archevêques, évêques et autres supérieurs du clergé à faire bon accueil aux quêteurs des frères et sœurs, qui seraient porteurs des présentes ou de leur *vidimus*, et de l'autorisation de leur maître et de leur ministre, et se présenteraient avec la fleur de lis sur la poitrine, la boursette, la *campane*, la boîte et les reliques. D'autres lettres patentes du même souverain, du 28 juillet 1508, valables pendant six ans, les autorisent à placer des troncs dans les églises, à publier leurs indulgences, et à recevoir les aumônes pour leur entretien et celui de leur chapelle. La bienveillance des papes ne fut pas moindre envers eux. Clément IV (bulle du 20 septembre 1265) ordonne aux archevêques et évêques et aux autres supérieurs ecclésiastiques de France, d'aider de leurs conseils les quêteurs des Quinze-Vingts. Dans le principe, les évêques, empressés de seconder les vues pontificales, laissèrent faire les quêtes ainsi autorisées, après avoir apposé un simple visa sur la bulle qui leur était présentée. Plus tard, ils publièrent des mandements favorables, dont 120 à 130 sont conservés dans les archives de la maison des Aveugles. Le plus ancien, celui de l'évêque de Paris, du 6 avril 1485, détermine l'époque et les jours pendant lesquels cette publication pourra être faite, et concède 40 jours d'indulgence à quiconque visitera l'église des Quinze-Vingts et y laissera une aumône. Parmi les prélats qui imitèrent cet exemple, quelques-uns ajoutèrent aussi leurs indulgences à celle du Saint-Siége. Tels furent les évêques de Laon (24 février 1506) d'Auxerre (1511), d'Embrun (8 mars 1511), de Beauvais (20 mai 1511), le vicaire-général du cardinal-évêque de Saintes (30 septembre 1508), celui de l'évêque de Poitiers (5 février 1512), et celui de l'évêque de Beauvais (14 octobre 1514). D'autres se contentèrent de donner une autorisation pure et simple. Il y en eut qui, ayant refusé leur permission, furent contraints de l'octroyer par arrêts du conseil ou des parlements. Ceux qui voulurent percevoir un droit *d'exequatur*, furent condamnés; l'évêque de Xaintes, qui avait exigé 300 livres tournois pour son église, fut obligé de les restituer (1). Les parlements s'empressèrent de prêter leur assistance à l'exécution de ces diplômes. Ainsi le gouverneur maître, le ministre, les jurés, les frères et sœurs des Quinze-Vingts, ayant représenté qu'ils ne pouvaient subvenir aux frais de leur maison qu'avec les aumônes des gens de bien, qu'ils allaient recueillir deux fois l'an, en publiant les indulgences dont les papes les avaient gratifiés, qui leur tenaient lieu de fondation (S. Louis', prévenu par la mort, n'ayant pas 'pu leur en laisser une), le parlement fit défense (21 août 1354) aux supérieurs ecclésiastiques qui de leur côté, avaient obtenu des indulgences, de les publier avant que les bulles, qui les leur octroyaient, eussent été soumises à son *visa* et qu'il leur eût délivré son *placet*.

BB. Les quêteurs que les Aveugles des Quinze-Vingts avaient ou envoyaient en province, étaient des frères voyants. On leur faisait prêter serment de déclarer tous les dons qui leur seraient faits, et de n'en user pour leur entretien qu'en bons pères de famille (2). Malgré cela, il devait y avoir des quêteurs dissipateurs ou infidèles, mais moins cependant qu'on ne serait porté à le supposer en voyant la modicité de leur recette. Le vicomte Jean d'Aquila exposait au pape Sixte IV, en 1483, qu'elle

(1) Arrêt du parlement de Bordeaux, du 24 janvier 1532.
(2) Lettres patentes de Louis XII, 13 mars 1499.

n'excédait pas trente livres parisis, et attribue à la dissipation des collecteurs cette modicité qu'il aurait été aussi exact peut-être de rapporter à l'indifférence des fidèles, ces sortes de quêtes indulgenciées étant devenues trop communes.

Sixte IV, ayant acquis la certitude que des quêteurs s'écartaient étrangement de ses intentions, révoqua tous les priviléges ou indulgences accordés à des établissements ou à des particuliers (1). Les Aveugles qui, un mois auparavant, avaient obtenu de ce pape la confirmation la plus ample de leurs priviléges (car elle s'étendait même à leurs immunités civiles) (2), s'adressèrent à ses successeurs qui, les uns après les autres jusqu'à Paul III, leur en réitérèrent, dès leur exaltation, la jouissance pleine et entière. Innocent VIII leur en accorda deux, la première du 25 octobre 1484, la seconde du 22 février 1490, après que ce pape eût suspendu toutes les indulgences octroyées en France pour construction de monastères et autres maisons religieuses.

(1) Bulle du 15 octobre 1477.
(2) Bulle du 13 septembre 1477.

CHAPITRE II (1546-1779).

A. L'aumônier du roi, qui, lors de l'accroissement et de l'organisation de la maison ecclésiastique des rois de France, prit le titre de grand-aumônier, n'avait d'autres droits à exercer sur l'établissement des Quinze-Vingts que celui de visite au nom du souverain, et de nomination aux places vacantes d'Aveugles, ainsi qu'il conste par les lettres patentes de mars 1269. Il n'était, par rapport à cette corporation, que visiteur par commission. Mais ce droit impliquait celui de faire observer les lois, statuts et réglements, et partant celui de réformer les abus et de prendre provisoirement les mesures nécessaires pour en prévenir le retour, en attendant que le prince lui-même y avisât, s'il en était besoin ; car c'était entre les mains du roi, dont l'aumônier n'était que le simple délégué pour cet objet, que restait le pouvoir suprême de décider et d'ordonner. Or, dès 1517, par suite de graves et nombreux abus qui s'étaient glissés dans l'administration des Aveugles, une grande mésintelligence régnait entre le grand-aumônier, le maître, le ministre et le chapitre. Ces abus, consacrés par l'usage, ne pouvaient plus disparaître que par l'intervention du chef de l'Etat. On le comprit : par ordonnance royale du 1er mars 1519, François de Molins, abbé de Saint-Auzime (diocèse d'Orléans) et grand-aumônier de France, chargé de réformer la maison des Quinze-Vingts, rédigea, à cet effet, de nouveaux statuts peu différents des anciens, qui, après avoir été légèrement modifiés par le parlement, sur la demande des Aveugles, furent publiés et adoptés. Ils se terminaient ainsi : « Ces ordonnances seront lues en chapitre quatre fois par an, subsistant ordonnances disciplinaires de Michel de Branche et des autres grands-aumôniers, non contraires à celles-ci. » Par ces statuts, François de Molins donna au chapitre un conseil composé de six membres, connus sous le nom dè *vicaires-gouverneurs*, pour le surveiller et le diriger. Cette institution, dont la sagesse ne peut être contestée, causa néanmoins des divisions qui amenèrent peu à peu la modification du chapitre, et firent changer la forme de l'administration établie par S. Louis. Les vicaires-gouverneurs, nommés par le grand-aumônier, ne devant apporter que leurs conseils au chapitre, voulurent bientôt le dominer, afin de rendre son action plus utile. Le chapitre résista, et, de cet état d'opposition, provinrent l'affaiblissement du zèle des gouverneurs et leur découragement. Pour y remédier, on ne trouva rien de meilleur que de changer les rôles, c'est-à-dire, de commettre l'administration de la maison aux vicaires-gouverneurs, et de laisser seulement aux Aveugles le droit de faire assister ces vicaires par les officiers de la communauté et par quelques-uns de ses délégués (1); véritable révolution qui faisait sortir l'autorité des mains des Aveugles et dénaturait l'œuvre de S. Louis; car, à la place d'une république dont le roi était le protecteur et nommait le président, on eut une simple agrégation que dirigeait le grand-aumônier de France, sous la protection spéciale du souverain, et à laquelle on accordait le droit de surveillance et de recours. Tel fut le changement opéré en vertu d'un édit de François 1er, du mois de mai 1546. On y lit que, considérant que les rois, ses prédécesseurs, ont toujours confié aux grands-aumôniers de France, comme dépendante de leur charge, la surintendance des établissements de bienfaisance, hôtels-Dieu et hôpitaux, notamment celui des Quinze-Vingts ; — que les grands-aumôniers ont donné à celui-ci plusieurs règlements dont le dernier, celui de François de Molins, a été homologué et enregistré au parlement ; — que, par les articles 9 et 10 de ce règlement, il est prescrit de tenir chaque semaine, le dimanche ou un autre jour, un chapitre auquel tous les frères et sœurs devront se rendre et bien se comporter, ne parlant que lorsqu'ils seront interrogés, ne disant du mal ni des grands-aumôniers, ni des officiers, ni des autres membres de la société, sous peine de prison ou autre avisée par le chapitre ; — qu'à l'époque de l'homologation de ces articles, leur observance n'offrait aucun embarras, parce que les frères, tant aveugles que voyants, n'étant en tout que vingt-cinq, trente ou quarante, le nombre de ceux qui venaient au chapitre n'était que de huit, dix ou douze, les autres étant occupés à faire les quêtes ; — que le nombre se trouve être maintenant de quatre-vingts, et d'autant de femmes, tant aveugles que voyantes, assistant confusément au chapitre ; d'où il arrive qu'il y a turbulence et diffamation à l'encontre les uns des autres et de leurs gouverneurs qui sont au nombre de six (4 laïques

___

(1) Ces délégués s'appelaient *Capitulans*. François Ier les établit au nombre de quatre, lorsqu'il ôta définitivement aux Aveugles le droit d'assister au chapitre. Le parlement, en enregistrant l'édit du roi, en porta le nombre de quatre à huit.

et 2 ecclésiastiques) ; — qu'à raison de ces insolences, les gouverneurs se sont retirés plusieurs fois sans rien faire, et que présentement aucun d'eux n'ose venir au chapitre ; — que, voulant donc faire cesser cet état de choses, dans l'intérêt de la maison dont un petit nombre de personnes décide les affaires, même celles qui sont litigieuses ; — ce prince ordonne : que le chapitre se tiendra une fois la semaine, le dimanche ou un autre jour convenu et désigné ; qu'il sera convoqué au son des cloches ; qu'il se composera : 1o des six gouverneurs dont quatre, ou au moins deux, devront être présents ; 2o du maître ; 3o du ministre ; 4o de deux jurés aveugles et de deux jurés voyants ; 5o du portier, comme frère ; 6o du greffier ou de son substitut, comme député ; et 7o de huit frères (4 aveugles et 4 voyants) ; formant en tout 22 membres, ou 18 au moins ; que le chapitre jugera toutes les affaires de l'établissement sans exception, et réglera tout souverainement, ses décisions ayant force de loi ; que tous les membres du chapitre seront élus annuellement ; que les Aveugles étant exempts par privilége, ne pourront recourir à d'autres tribunaux qu'au chapitre ; que, s'ils se permettent d'injurier les gouverneurs, ils seront corporellement punis par ces supérieurs ; enfin, qu'ils pourront appeler du chapitre au parlement et que les présentes seront enregistrées.

Cette grave modification des statuts des 'Quinze-Vingts n'aurait pas été tentée ni conçue, et n'aurait pas même été possible, si l'œuvre de S. Louis, compromise par les troubles qui agitèrent la France, n'avait eu besoin, pour se rétablir, de l'assistance et de la direction d'hommes bienveillants et éclairés, qu'on imposa provisoirement à l'institution. Celle-ci, aidée de leurs sages conseils, ne tarda pas à se relever. On attribua cette prospérité à leur concours. On crut dès lors qu'il serait très-avantageux aux Aveugles de les conserver ; ce qui porta François de Molins à rendre ces directeurs perpétuels, dans les statuts qu'il donna, ne prévoyant pas assurément ce qui devait résulter plus tard.

B. Quoique rendu au profit du grand-aumônier et des vicaires gouverneurs, l'édit de 1346 est néanmoins, comme tous les actes de nos rois à l'égard des Quinze-Vingts, empreint d'un esprit de bienveillance qui perce de toutes parts. La création des vicaires-gouverneurs, rendue nécessaire par l'état pitoyable où se trouvait notre maison royale, devait définitivement amener leur propre domination. Elle aurait pu être absolue, comme elle l'est devenue peu de temps après la suppression de la grande-aumônerie ; ce qui aurait converti la congrégation des Quinze-Vingts en un simple hôpital. François 1er voulut, non pas effacer à ce point le caractère primitif de cet asile, mais que les Aveugles continuassent à gérer leurs intérêts, sous la direction de conseillers zélés et intelligents. On voit aussi que les jurés conservèrent leurs fonctions, et que les frères et sœurs ne furent plus que par députation représentés au chapitre. Ce mode d'administration aurait été incontestablement préférable au premier, dont il maintenait tous les avantages en composant le chapitre d'un personnel plus sage et mieux avisé. Il en écartait les abus, en plaçant le chapitre sous la tutelle de deux hommes habiles et désintéressés, dans chacune des trois classes avec lesquelles les Aveugles étaient en contact pour leurs affaires. Ce changement ne fut point inconsidérément, ni précipitamment effectué. Depuis vingt-trois ans, il existait à l'état d'essai, et la maison où, faute de ressources, on ne comptait plus que 25 ou 30 individus, en avait alors 180, n'ayant obtenu, que de sa meilleure direction, cette rapide et brillante prospérité.

c. François 1er n'avait rien ajouté aux droits du grand-aumônier sur la congrégation des Quinze-Vingts. Il avait cherché, au contraire, à les tenir resserrés dans leur limites; mais, à mesure que le pouvoir de ce dignitaire grandissait dans l'État, on était disposé à lui laisser prendre, et même à lui offrir une autorité qui, de plus en plus, tournait au profit de l'établissement. Ainsi, en 1674, de l'avis du grand-aumônier, le maître fut nommé par le roi, et, le 1er septembre 1687, son successeur reçut, pour en jouir de la même manière que ses prédécesseurs, sa charge par collation royale, sur la nomination du grand-aumônier. En 1703, ce fut celui-ci qui arrêta de compléter le nombre de 300 membres, en accordant des *lettres d'aspirants;* ce qui, du reste, était dans ses attributions, S. Louis l'ayant chargé de pourvoir aux vacances.

D. Le grand-aumônier commençant à se considérer comme le supérieur général et immédiat des Quinze-Vingts, on ne donna plus à leur maison que le nom d'hôpital, peut-être afin de pouvoir lui appliquer plus librement les édits et ordonnances relatives à ces sortes d'établissements : les gouverneurs se laissèrent dominer et diriger par ce chef, au point de ne s'assembler et de ne délibérer que sous son bon plaisir ; et, comme cela arrive toujours, ils se dédommagèrent de cet asservissement, en usurpant les doits du chapitre, qu'ils étaient simplement appelés à conseiller et à conduire.

E. Loin de rien perdre de sa juridiction, le chapitre, dominé par le gouverneur, n'en devint que plus puissant. Il continua d'administrer et de pourvoir à tous les besoins de la société. Le 25 mai 1696, il statua qu'à l'avenir il ne se réunirait plus que de quinze en quinze jours. Cette époque, qui fut celle de la Renaissance, a été plus féconde en règlements que la précédente. Du moins, elle nous en a légué davantage. Le chapitre faisait exécuter les statuts, soit en vertu de ses décisions, soit par les punitions qu'il infligeait aux contrevenants. On ne pouvait appeler de ses délibérations qu'au parlement.

F. Jean Jomier avait été présenté au roi par le grand-aumônier, pour remplir les fonctions de maître aux Quinze-Vingts (1). Il paraît qu'un semblable mode de nomination s'était introduit à la suite de la réforme opérée sous François 1er. Il fut consacré par un arrêt du grand-conseil, du 28 avril 1616, dans les circonstances suivantes. Un certain Roufinac avait été pourvu, directement par le roi, de cette maîtrise. Le cardinal du Perron, alors grand-aumônier, tenant ces provisions pour nulles, nomma et présenta une autre personne. Il y eut procès. Le grand-conseil évoqua l'affaire et prononça que « le grand-aumônier, en sa qualité, nommait et présentait pour avoir la charge de maître administrateur en l'hôpital des Quinze-Vingts » ; d'où vient que, dans des lettres de présentation, données par le cardinal de Rohan, le 10 mai 1764, on trouve l'expression *nommer au Roy*. A partir de ce moment, le souverain ne fit plus que donner et conserver la dite charge, comme portent les lettres de Martin Serizé, du 12 décembre 1687, ou, en d'autres termes, il ne fit plus qu'agréer ce que faisait le grand-aumônier. Mis ainsi à la disposition de ce chef ecclésiastique, le maître n'était plus l'homme du roi ; et, au lieu d'avoir, comme auparavant, le gouvernement de la maison, sous la haute surveillance du grand-aumônier, il n'en eut plus que l'administration sous le gouvernement de ce dernier ; ce qui fit croire qu'il était préposé aux Quinze-Vingts pour exercer la police judiciaire dans l'intérieur de l'enclos, sous les ordres du grand-aumônier, et pour gouverner à ce titre (2). C'étaient bien là, en effet, ses attributions.

G. Le titre de *chapelains mercenaires* ou *onéraires*, assigné et conservé par le chapitre des Quinze-Vingts aux prêtres auxiliaires qu'il

(1) Dans un Mémoire rempli de faits inexacts, il est dit que Jomier fut nommé pour jouir de sa charge sous le bon plaisir du roi ; ce qui aurait été observé depuis pour tous ses successeurs. Il ne paraît pas que cette clause ait été insérée dans d'autres lettres que dans celles de Guy du Val, nommé maître au moment où l'on travaillait à réformer la maison.

(2) Arrêt du Direct., 2 juin 1792.

avait, dès le principe, adjoints à ses chapelains, n'était qu'une désignation de politesse. N'étant, en réalité, que de simples vicaires appelés
à remplacer les titulaires, lorsque ceux-ci étaient absents, ils recevaient
une institution canonique qui était au moins douteuse, puisque le chapitre évidemment ne pouvait la leur conférer. On s'occupa donc de
régulariser leur position. Le cardinal de Bouillon, les considérant avec
raison, bien qu'ils ne le fussent que de fait, comme une communauté
d'ecclésiastiques chargés d'un service paroissial, s'en attribua la nomination en 1672. Le 20 janvier, il nomma le premier prêtre avec le
titre de *chefcier*. Jusque là ce dernier avait été, ainsi que les autres, choisi par le chapitre. Les lettres que cette Eminence lui donna
portent qu'il occupera la place aussi longtemps qu'Elle le jugera bon ;
ce qui était conforme à l'usage et nécessaire, puisqu'il existait des
chapelains titulaires, qui étaient perpétuels et pouvaient exiger qu'on
les admit à la jouissance de leurs droits et priviléges. Ces mêmes lettres
portent, en outre, mandement aux prêtres, officiers, frères et sœurs
de la maison, d'être soumis à ce chefcier sous la juridiction et dépendance du dit cardinal, et de lui obéir en ce qui concerne le gouvernement de la chapelle. Depuis ce moment, le grand-aumônier continua de nommer directement les prêtres des Quinze-Vingts, qui résidaient
dans l'hôtel et fonctionnaient en lieu et place des titulaires qui habitaient
hors de l'enclos, et ne se donnaient peut-être pas la peine d'y faire
acte de présence pour prendre possession de leur titre royal (1). Par
ordonnance du grand-aumônier, du 18 mars 1741, le nombre de ces
prêtres fut fixé à douze, afin que les fondations pussent être acquittées.
Il y eut donc un *chefcier*, un *vicaire*, huit *prêtres de chœur*, un *sacristain* et un *maître d'école*. On fit disparaître, dans cette réorganisation,
le nom de *chapelain* par lequel ils étaient dénommés, mais qui ne leur
appartenait pas, vu qu'ils n'étaient que des auxiliaires des véritables
chapelains. Ils formaient une communauté de prêtres, comme il en existait
dans plusieurs diocèses, ou, selon un mémoire de 1700, une collégiale chargée de la direction d'une paroisse. Le *chefcier*, à l'instar d'un curé,
présidait les offices quand il était au chœur ; il avait un suppléant dans
les *vicaires*. Les *prêtres* faisaient le service du *chœur*, à tour de rôle,
suivant un règlement détaillé inséré dans une ordonnance du 30 mai 1755.
Le *sacristain* avait la responsabilité du linge, des ornements et de tous
les objets nécessaires au culte, tandis que le *maître d'école* était
préposé à l'éducation de tous les enfants de la maison, de l'un et

(1) Les chapelains de la maison des Aveugles étaient toujours nommés, comme les
autres chapelains royaux, par le trésorier de la Sainte-Chapelle, et conservaient tous leurs
droits et priviléges, dont ils pouvaient, au besoin, revendiquer la jouissance.

de l'autre sexe. Un des prêtres du chœur était le diacre, un autre le sous-diacre, et un troisième faisait quotidiennemeut la lecture aux Aveugles.

Les distributions diverses, auxquelles ces prêtres avaient part, furent converties en traitement fixe. Le chapelain eut 600 livres, le vicaire 400, et les autres 300 et 200. Une ordonnance du 21 février 1755 élève le traitement du chefcier à 1800 livres, celui du vicaire à mille, et celui des autres à 800; mais ce ne fut pas pour longtemps; car, le 30 mai suivant, une nouvelle ordonnance le porta à 2000 pour le chef-cier, à 1200 pour le vicaire, à 900 pour l'ancien des prêtres de chœur, à 800 pour les autres prêtres de chœur, et à 700 pour le maître d'école. Trois ans auparavant, le chapitre, par délibération du 4 février 1752, avait décidé que deux *chantres* seraient admis pour assister aux offices et soutenir le chœur, aux appointements de 200 livres pour chacun. En 1755, il fut alloué 600 livres au chantre pointeur et 400 à l'autre.

Jusqu'en 1752, les enfants aveugles de l'infirmerie servaient d'enfants de chœur. En vertu de la délibération capitulaire qui vient d'être rappelée, on établit six *enfants de chœur* en titre pris parmi les enfants voyants, auxquels on donnait annuellement 60 livres, et l'on décida qu'on cesserait d'admettre des enfants aveugles, devenus dès lors inutiles pour cet objet; toutefois, en attendant que les jeunes aveugles, reçus pour le service choral, eussent atteint l'âge où ils devenaient frères, on leur paya à chacun d'eux 50 livres par an.

Quelques mois après, le chapitre institua, le 18 août 1752, une *maîtresse d'école*, pour l'enseignement des petites filles, et lui assigna un traitement de 200 livres qui, le 30 mai 1755, fut élevé à 300.

Ces émoluments étaient indépendants de quelques droits éventuels qui, en certains cas, les amélioraient considérablement.

A cette époque, il n'y avait pas encore de maison presbytérale aux Quinze-Vingts.

H. L'affluence des fidèles qui fréquentaient la chapelle des Quinze-Vingts fit sentir le besoin d'organiser le service religieux sur un pied plus convenable. On peut juger de ce qu'était cette affluence, par le loyer des chaises; elles furent affermées 7000 livres, le 18 décembre 1765, à la condition d'en fournir gratis à plusieurs personnes désignées, et de laisser libre tout un côté de l'église pour les frères et sœurs, comme aussi de payer les honoraires des prédicateurs des dominicales, de leur donner une voiture et une collation, ceux du carême, de l'avent et de la Fête-Dieu restant à la charge de la maison. Les prédicateurs appelés à prêcher à la cour venaient, un an d'avance, dans la chapelle des Quinze-Vingts, faire preuve de capacité et de saine doctrine, obligation imposée autant dans l'intérêt du roi que dans celui des Aveugles et de l'orateur lui-même. Un mémoire de 1700 énonce que, aux termes des fondations, l'office canonial, y compris la messe du chœur, devait être chanté tous les jours; mais que, depuis près de quatre ans, on ne chantait plus matines, laudes, ni prime, si ce n'est aux fêtes du rit annuel ou grand solennel; et que le service était fait par douze prêtres (un chefcier, 6 vicaires de chœur, un sacristain, un porte-croix, un diacre, un sous-diacre et un maitre d'école). On suivait le cérémonial parisien pour l'administration des sacrements; mais on avait conservé le missel et le bréviaire anciens; ce qui devait avoir été fait du consentement de l'archevêque de Paris, comme donnent lieu de le penser les deux approbations qui sont, l'une au titre du propre de St-Louis et de St-Remi, l'autre à la fin, toutes les deux munies de la signature d'un des vicaires-généraux du diocèse. La chapelle royale des Quinze-Vingts suivait la liturgie parisienne en tout, sans pourtant officier exactement comme le chapitre de Notre-Dame. Elle avait, comme les autres églises de Paris, ses us et coutumes auxquels elle resta fidèlement attachée.

i. Le chapitre conserva tous ses droits sur la chapelle réorganisée de cette façon, ou plutôt se substitua exclusivement au chapelain perpétuel, dans le pouvoir dont celui-ci devait être investi. Ainsi, par délibération du 20 septembre 1709, il commit l'emploi de sacristain en l'église de l'hôpital des Quinze-Vingts, au sieur Nicolas Cardinal, prêtre du diocèse de Paris, à la charge par celui-ci de fournir le cautionnement accoutumé et de se soumettre au règlement. Par une autre délibération du 27 novembre 1716, sur l'avis que l'on demandait des bulles de confrérie au profit des enfants de l'infirmerie, il ordonna que les anciens statuts seraient observés, et, en conséquence, défendit à tous les membres et sujets de l'hôpital, soit clergé, ou bedeau et serviteurs de l'église, soit frères et sœurs, de faire aucuns actes ni sollicitations d'affaires sous quelque prétexte que ce fût, tant personnelles que communes, sans l'ordre spécial et par écrit du chapitre, à peine de saisie et confiscation d'un mois de rétribution, de nullité de tous les actes, et autres peines qu'il appartiendrait. Le 12 octobre 1703, il avait donné un règlement au bedeau, par lequel on voit que ce dernier, tout à la fois suisse et sonneur, devait tenir l'église propre, veiller à ce qu'il ne s'y passât rien d'inconvenant, et sonner les cloches. Il suppléait le sacristain absent, pour recevoir les personnes qui venaient demander des fondations.

J. Plusieurs *confréries* avaient été établies dans la chapelle des Quinze-Vingts. Il y en avait une sous le patronage de S. Louis et de S. Remi, à laquelle Martin V accorda des privilèges, par bulle du 29 janvier 1419. Nicolas Pavillon, prêtre du diocèse de Paris, en institua une de charité en 1633, du consentement du grand aumônier, pour le soulagement spirituel et temporel des pauvres malades de l'établissement (1). Le 13 décembre 1657, Alexandre VII octroya plusieurs indulgences à la confrérie des Saints-Anges des Quinze-Vingts, laquelle avait pour but d'instruire les ignorants, d'ensevelir les morts, d'assister aux offices, etc. Il existait aussi la confrérie de Notre-Dame-des-Victoires (2) et celle de Saint-Roch, à laquelle Hugues d'Agin, marchand boulanger, par testament du 13 novembre 1533, légua 20 sols, pour être participant aux prières de cette pieuse association. La plus utile de ces confréries, celle de charité précitée, se composait de 28 sœurs voyantes et de 4 sœurs aveugles ; ces sœurs se choisissaient une supérieure, une trésorière et une garde-malade, lesquelles restaient dix-huit mois en charge. La supérieure veillait à l'observation du règlement, admettait les pauvres malades et avait le droit de les renvoyer. La trésorière recevait les aumônes et faisait les dépenses. La garde des malades avait le soin des lits, du linge et des autres objets prêtés aux malades, objets qu'elle remettait en échange d'une reconnaissance, et qu'elle retirait. La confrérie n'accueillait les malades que lorsque les sacrements leur avaient été administrés, et que le médecin avait attesté que leur mal n'était ni contagieux, ni incurable. Les sœurs congréganistes servaient les malades à tour de rôle, un jour entier, c'est-à-dire de neuf heures du matin à quatre heures du soir. Elles quêtaient durant les offices, préparaient les aliments, adressaient de pieuses exhortations. Il y avait, pour chaque malade, au dîner, un potage, 5 onces de veau ou de mouton, un demi-setier de vin, et du pain à discrétion ; et au souper, de la viande, selon les goûts des uns et des autres.

K. D'après l'usage alors reçu dans Paris, on enterrait, dans l'église et dans le cimetière de l'établissement, non-seulement les membres de la congrégation des Quinze-Vingts et les individus qui, habitant l'enclos, étaient de droit paroissiens de la chapelle ou cure exempte, mais encore ceux du dehors qui choisissaient leur sépulture dans la maison, soit par affection pour les Aveugles, soit pour avoir une part plus directe à leurs prières. Le nombre de ces personnes fut assez considérable, et parmi elles, il y en eut de fort distinguées.

(1) Elle avait pour patrons Jésus-Christ et la Sainte Vierge.
(2) Bulle d'Innocent XI, de l'année 1689.

L. Entre les fondations faites, à cette époque, en faveur des Quinze-Vingts, les suivantes méritent d'être relatées. Claude de La Croix, seigneur et baron de Plancy, légua, en 1564, cent livres de rente aux Aveugles, à charge par eux de chanter et de célébrer, chaque jeudi de l'année, à perpétuité, une messe basse du Saint-Sacrement, et de faire dire à la fin ces mots à haute voix : *Dieu conserve le Roi, les Princes et Seigneurs chrétiens de la Sainte Eglise Catholique, Apostolique et Romaine;* et de donner à chacun des frères et sœurs qui y assisteront, un denier. Ce legs fut accepté avec ses conditions. Cette manière d'intéresser tous les frères et sœurs de la congrégation à l'exécution des fondations, fut employée pareillement, et dans des circonstances analogues, par Marguerite Bacque, épouse de noble Lambert de Cambray. Elle avait donné 400 livres de rente sur l'hôtel de ville, à la charge de faire chanter deux obits à grand office, trois messes hautes, et, chaque jour, une messe basse, etc. S'étant aperçue que sa fondation n'était pas convenablement exécutée, elle fit encore don de cent livres de rente, sur lesquelles on prélevait quinze sols pour le chefcier qui ferait les invitations, dix sols pour les trois vicaires, le diacre et le sous-diacre, et un sol pour chaque Aveugle; ce qui fut consenti par les gouverneurs qui avaient accepté la première donation (2 avril 1625-1634). — Une sœur voyante, Guillemette Guillot, veuve de Pierre Richart, frère Aveugle, organiste, donna dix-huit cents livres, moyennant une rente de cent livres et diverses fondations, avec distribution, et 200 livres de rente sur l'hôtel de ville, à la charge de prendre sur cette rente 40 livres pour les gages d'une garde-malade, et quatre livres pour le plus ancien frère de la maison chargé de surveiller l'exécution de ses volontés (28 février 1637 et 1642). — Beaucoup d'autres donations furent ainsi faites, soit entre vifs, soit par testament, le chapitre les autorisant volontiers, sachant fort bien que c'était un moyen de conserver à l'établissement des biens, qui pouvaient se détériorer considérablement, et même se perdre, entre les mains de ceux qui en avaient la jouissance. — Une des fondations a cela de remarquable, que la fondatrice, Marie Granjon, distribue ses hardes entre la fille du maître des Quinze-Vingts, l'infirmerie et la charité de l'hôpital, et quelques personnes qu'elle désigne. Or, parmi les hardes en question, se trouvent le *Traité de la fréquente Communion,* d'Ant. Arnauld, des ouvrages de Saint-Cyran, de Pascal, etc. (an. 1675). Le maître était alors D'Aron, que le grand-aumônier venait de faire nommer en récompense de ses services, et sa fille était cette demoiselle D'Aron à laquelle on accorda, après le décès de son père, la jouissance, sa vie durant, de la maison que celui-ci avait fait bâtir dans l'enclos; d'où il résulte, ce me semble, que les doctrines de Port-Royal n'étaient pas très-mal vues aux Quinze-Vingts. — Les fondations les moins onéreuses furent, sans contredit, celle d'Henri de Villeneuve, qui leur donna six mille livres et 376 livres de rente, sous la condition de trois messes basses, l'une le 2 avril, l'autre le 19 mars, et la troisième le jour de son décès, pour le repos de l'âme de son père, de celle de sa mère et de la sienne (16 avril 1645); celle de Dreux Hennequin, abbé seigneur baron de Vernay, qui leur laissa une rente de 500 livres, et de plus 3 livres pour chaque Aveugle une fois payées, le tout en pure aumône (1651); et celle de Gabriel Choart, avocat en parlement, qui leur légua 1200 livres de rente, avec les arrérages, à charge d'un service anniversaire auquel assisteraient douze frères et sœurs, qui recevraient un pain de trois sols, ou sa valeur (1652). Le capital de cette rente fut payé en 1667.

M. En 1674, les Quinze-Vingts avaient, sur le domaine du roi, 242 livres 10 sols; ce qui prouve que la donation de S. Louis et de son fils Philippe-le-Hardi avait été suivie d'autres largesses personnelles, dont les actes ne sont pas dans les archives de l'établissement. Une chose que l'on aura de la peine à croire, et qui pourtant est attestée par des écrits très-authentiques, c'est que souvent le manque de fonds empêcha de payer exactement cette somme, non-seulement avant le règne de François Ier, mais encore depuis. Ainsi, de 1595 à 1600, il fallut adresser requête sur requête à l'intendant pour en obtenir le paiement, et, le 19 janvier 1674, on dut recourir à une sommation.

Par brevet du 10 septembre 1645, le roi, malgré la disette d'eau, en concéda aux Aveugles 36 lignes. Henri II, par lettres patentes du 11 juillet 1549, leur octroya, pendant neuf ans, sur les amendes infligées au parlement de Paris, quatre amendes de 60 livres chacune, destinées à l'entretien de leur maison. Le trésorier de France consentit à l'entérinement de ces lettres (21 août 1549). Les Quinze-Vingts ne purent pas jouir de cette faveur, parce que, pendant les neuf ans de la concession, aucune des amendes prononcées par le parlement ne resta disponible. Instruit de cela, et s'étant fait assurer du mauvais état des bâtiments, Charles IX ordonna qu'il serait remis aux Aveugles, sur le demi-denier provenant des compositions des finances, aubaines, confiscations, naturalisations, légitimations et ennoblissements, la somme de 5400 livres, une fois payée; et leur continua, pendant cinq ans, un don annuel de trois cents livres pour le même objet (lettres patentes du 1er août 1567). Quand ce terme fut écoulé, il leur prorogea pendant cinq ans encore la même gratification (lett. pat. du 8 juillet 1572, contre-signées par le grand-aumônier). Cette somme ne leur ayant pas été comptée régulièrement, Henri III ordonna, le 15 mars 1575, qu'on leur en acquitterait les arrérages, et il la leur continua pour neuf ans. Henri IV, par une ordonnance du 10 mai 1594, prescrivit le paiement des arrérages dus, et prorogea encore pour neuf ans le don de cette somme, prorogation qu'il renouvela, pour le même espace de temps, par lettres patentes du 18 décembre 1606.

Les Quinze-Vingts étaient toujours sous la protection spéciale du souverain ; c'est ce qu'ils requirent le prévôt de Paris de faire savoir à qui de droit, avec défense de leur faire grief ou dommage, soit au corps, soit aux biens, sous peine d'un marc d'argent pour lequel on ne pourra plaider que par-devant le Châtelet (3 juin 1687).

Ces dons, concessions et immunités qu'ils tenaient de Charles VII et de ses prédécesseurs et qui leur furent confirmés par François Ier, furent de nouveau sanctionnés en janvier 1559 par François II, ensuite par la reine-mère, à Blois, le 31 décembre de la même année. Enfin Louis XIV les confirma à son tour (lettres pat. du 7 mars 1659), et en ordonna l'exécution pure et simple. Cette confirmation expresse des priviléges des Quinze-Vingts avait été précédée d'une confirmation implicite qu'il n'est certainement pas inutile de faire connaître. Le 4 mai 1657, « Considérant que S. Louis n'a doté les Quinze-Vingts que de 36 livres de rente, à prendre sur le domaine du roi ; mais qu'il leur avoit concédé, comme un revenu considérable, le droit et la faculté de faire quêter dans toutes les églises et monastères de la ville et faubourgs de Paris, de mettre troncs, et même de se faire recommander dans l'étendue du royaume, ce qui leur tenoit lieu de dotation, sans quoi ils ne pourroient vivre avec leur famille souvent aussi nombreuse que misérable ; qu'ils ont toujours été privilégiés, et que la clôture et l'enfermement des pauvres mendiants ayant été entrepris en 1611, il ne fut rien fait de contraire à leurs priviléges ; que néanmoins, dans un arrêt pour l'enfermement des pauvres, récemment porté, il y a un article par lequel on prétend obliger les dits Aveugles de se tenir aux portes des églises, auprès des troncs, avec défense de demander ailleurs, sous peine d'être déchus de leurs droits (ce qui ne peut avoir lieu à leur égard sans anéantir le titre de leur fondation) ; considérant que là ils ne pourroient faire les prières que les fidèles désirent d'eux, et qu'il seroit dur de les exposer ainsi aux intempéries de la saison : déclare qu'il n'a point entendu toucher à leurs priviléges ; qu'au contraire, il les confirme tous et chacun. » (4 mai 1657.) Lorsqu'il supprima, le 25 mars 1719, le droit qu'ils avaient de quêter, il leur assigna 1500 livres de pension annuelle sur l'impôt du vin.

A ce propos, je dois dire qu'Henri II, les ayant déclarés affranchis du nouvel impôt qu'il venait d'établir sur le vin, par la raison qu'ils étaient francs et libres de toute taille, subside, etc. (lettres du 21 octobre 1556), et Louis XIII (lettres de décembre 1620) ayant confirmé cette exemption,

Louis XIV la reconnut à son tour en mai 1660; et, par arrêt de son conseil, fit enregistrer ses lettres, malgré l'opposition des fermiers-généraux.

Par lettres patentes du 15 novembre 1551, Henri II accorde aux Quinze-Vingts, suivant la coutume établie par ses prédécesseurs, les vieux ornements de la Sainte-Chapelle. D'autres lettres, du 20 août 1555, renouvellent la même concession qui, dans la suite, fut accordée sur requête par la chambre des comptes, chaque fois qu'il y eut lieu de réclamer la jouissance de ce privilége.

Le droit de vendre du vin et autre boisson pour l'usage de la maison, leur fut confirmé par lettres patentes de décembre 1620, qui furent enregistrées le 19 décembre 1621, nonobstant l'opposition de la cour des aides, mais à condition que les Quinze-Vingts souffriraient que les clercs, agents de la ferme, visitassent leurs caves, tous les mois, sans frais.

Sur leur requête, et afin d'avoir part aux prières qu'ils sont tenus de faire quotidiennement pour le sang royal, Louis XIV leur octroya 30 minots de franc-salé (lettres patentes de juillet 1643, renouvelées en juillet 1651). Louis XV, par arrêt de son conseil (2 mai 1719), décida qu'ils n'étaient point compris dans l'édit du mois d'août 1717, qui révoqua tous les priviléges et exemptions de franc-salé.

Les personnes domiciliées dans l'enceinte des Quinze-Vingts avaient le droit de franchise. Ainsi, la communauté des serruriers ne put venir à bout de faire interdire, en vertu de ses statuts, deux frères voyants établis dans l'enclos. Après trois ans de poursuites, ils furent déboutés de leur prétention, par sentence du prévôt de Paris (10 janvier 1698). — En 1685, il fut défendu aux boulangers de procéder à une visite ayant pour but de faire fermer les fours et boutiques ouvertes. Les perruquiers échouèrent pareillement en 1698. Les cordonniers, plus polis ou mieux avisés, reconnurent humblement les priviléges de la maison, et se bornèrent à demander que les ouvriers, au nombre de plus de cent, fussent renvoyés de l'établissement (26 juillet 1720). Le chapitre, voulant leur témoigner sa reconnaissance, obtempéra à leur demande, et ordonna qu'on dresserait un état des ouvriers nécessaires à la congrégation des Aveugles, et que les autres seraient tenus de se retirer. Les cordonniers étaient, du reste, en assez bons termes avec les Quinze-Vingts; leur confrérie avait décidé (20 décembre 1713) qu'elle célébrerait sa fête dans leur chapelle.

N. Sur la demande des Aveugles, le saint-siége ratifia, de son côté, leurs priviléges et immunités, tant religieux que civils. Urbain VIII y mit cette restriction, que ces priviléges et immunités seraient encore usités, licites, honnêtes, et n'auraient pas été, explicitement ni implicitement, révoqués; qu'ils ne contreviendraient point aux décrets apostoliques, aux constitutions du concile de Trente, ni à l'autorité pontificale; suppléant de fait et de droit à tous les vices de forme qui pourraient d'ailleurs s'y rencontrer, nonobstant les précédentes et la bulle de Boniface VIII qui défend d'évoquer en jugement hors de sa ville et de son diocèse. En outre, à la demande du roi, Clément VIII confirma spécialement et remit en vigueur toutes les indulgences dont les Quinze-Vingts avaient été gratifiés (bulle du 7 mai 1599). Conformément au désir des gouverneurs-syndics (1), présenté par Henri IV, Paul V confirma toutes les indulgences et tous les priviléges octroyés par ses prédécesseurs à la maison des Aveugles. Dans sa bulle qui est du 30 avril 1607, il formule derechef l'ordre, intimé par Clément VIII aux procureurs de ces derniers, de se conduire modestement et d'agir sans fraude; de ne point prendre le nom de quêteur; de ne point publier ou faire publier leurs indulgences; de ne point porter de reliquaires, images et autres objets de cette nature, pour exciter la piété des fidèles; de n'user ni de menaces, ni d'imprécations contre ceux qui ne donnent pas; de demander simplement, et de recevoir les dons avec reconnaissance; de n'en rien distraire; et il charge tous les évêques de l'exécution de ses ordres. Cette bulle est remarquable, d'abord en ce qu'elle supprime l'usage suivi jusqu'alors de faire prêcher les indulgences obtenues; ensuite en ce qu'elle révèle indirectement les reproches que l'on adressait aux quêteurs des Quinze-Vingts qui, s'étant rendus fermiers du produit, étaient trop intéressés à lui faire rendre le plus possible, pour ne pas recourir à des expédients qu'aurait désapprouvés une discrète piété. Le 3 août 1607, l'évêque de Paris fulmina cette bulle, en son nom. Celle d'Innocent XII (18 août 1691), la dernière de ce genre, est munie de quatre *visa* délivrés par les quatre archevêques de Paris successifs, le premier du 23 avril 1693, le second du 18 mars 1696, le troisième du 12 octobre 1729, et le quatrième du 15 mars 1747, avec expédition d'une attestation d'examen délivrée par la Sorbonne.

o. Comme ils n'avaient pas cessé de le faire, les rois de France et les parlements rendirent l'octroi de ces bulles avantageux pour les Quinze-Vingts, en leur permettant de les faire publier et, au besoin, en contraignant les évêques et autres supérieurs ecclésiastiques qui se montraient peu disposés. Les premières lettres patentes données à cette fin, furent celles d'Henri II (5 octobre 1547), et les plus importantes, celles de Louis XIII (22 avril 1632), confirmées soit par arrêt du conseil (7 mars 1659), soit par d'autres lettres de Louis XIV (8 juin 1701),

---

(1) C'est le nom que la bulle donne aux vicaires-gouverneurs.

et enfin de Louis XV (novembre 1726 et 11 juin 1727). Elles portent confirmation, ratification et approbation (au profit des gouverneurs, maîtres administrateurs, jurés, frères et sœurs, de la maison et l'hôpital de St-Remi, dit les Quinze-Vingts Aveugles), tant des bulles ou lettres qu'il ont obtenues des papes, et tout récemment encore d'Urbain VIII, à la particulière recommandation du roi, que des lettres de concession, ratification et approbation « que le roi Henri-le-Grand, son très honoré seigneur et père, leur en avoit fait expédier, dès le 21 juillet 1593, 8 juillet 1600 et trois aoust 1603, avec mandement à tous archevesques, évesques et à leurs vicaires-généraux, comme aussi à tous abbés, abbesses, prieurs et prieures, doyens, chanoines et chapitre, curés, vicaires, chapelains, marguilliers, fabriciens et autres, ayant charge des églises du royaume, d'avoir à publier ou faire publier les dits pardons et indulgences aux jours de festes de grand-Pâques et de la Toussaint, sans y faire aucune difficulté ni permettre que, aux dits jours, fust faite aucune publication d'indulgences pour les hospitaux, couvents et monastères étrangers qui sont hors du royaume, et permet aux exposants de poser troncs et capses en chascune des églises du royaume et de faire quester en icelles, enjoignant aux procureurs, marguilliers, fabriciens, trésoriers des dites églises et aux conseils des villes, de les faire en personne, et, dans le cas où ils auroient accoutumé de les faire ces jours-là pour leurs églises, d'y commettre des personnes idoines et capables dont ils demeureront responsables, sans que ceux qui auront fait ces questes puissent prendre ni retenir aucune chose, à peine de tous dépends, dommages et intérêts et d'amende arbitraire. »

La confirmation que, dans ces lettres patentes, nos rois font des bulles papales, loin d'être (comme on pourrait le penser) une usurpation de l'autorité spirituelle, ou une malicieuse revanche de la ratification faite par la cour de Rome des priviléges et immunités civils, n'est, au fond, qu'une juste et indispensable formalité pour légaliser et valider la concession des quêtes qui, à raison de leur rapport avec la levée des deniers, rentre dans le domaine temporel; d'où il est permis d'inférer que, dans la reconnaissance des priviléges et immunités par le souverain pontife, les Aveugles, qui sollicitaient au su du roi, et le pape qui accordait, n'avaient en vue que les points ecclésiastiques mêlés aux priviléges et immunités civils.

A l'époque où Luther s'éleva avec force contre les quêteurs qui prêchaient ou faisaient prêcher des indulgences, plusieurs évêques de France refusèrent aux quêteurs des Quinze-Vingts la permission de faire annoncer les leurs (1); ceux-ci appelèrent comme d'abus du refus de ces prélats. Le roi avait évoqué ces appels à son conseil, afin de pouvoir prononcer en faveur des évêques. Les Aveugles représentèrent qu'il était impossible de soutenir leur maison, si cette source de revenus, la seule qui leur restait, était tarie. Des commissaires nommés par le souverain vinrent se livrer à une enquête. De leur rapport, il résulta que l'établissement n'avait pas plus de huit à neuf cents livres tournois de revenus; ce qui ne suffisait pas pour les frais de la chapelle et du clergé. Le roi retira alors ses lettres d'évocation, et laissa les parlements contraindre les évêques à souffrir que les quêteurs continuassent de faire publier leurs indulgences (2). Toujours disposés à faire droit aux réclamations des Aveugles, les parlements contraignirent, chaque fois qu'ils en furent requis, les évêques à donner leur *placet*. C'est ce que firent les parlements de Paris en 1529, de Bordeaux en 1533, de Toulouse en 1613, de Provence en 1619, etc. Il y eut, d'ailleurs, très peu d'évêques et autres supérieurs ecclésiastiques qui se mirent ainsi dans le cas d'être poursuivis et contraints d'obéir aux volontés du pape et aux ordres du prince. La plupart des dignitaires du clergé montrèrent autant de bienveillance pour les Quinze-Vingts, que de docilité envers l'autorité qui protégeait ces derniers. L'évêque de Cornouailles, dont le mandement est écrit en français et imprimé sur papier (ce que je fais remarquer, parce que c'est le premier de ceux que possède la maison des Aveugles, qui soit ainsi), ajouta 40 jours d'indulgences à celles que portaient les bulles dont il autorisait et agréait la publication (3).

P. La prospérité toujours croissante que l'établissement devait à la réforme effectuée par François 1er, ne lui avait pas rendu toute la considération dont il jouissait au moment de sa fondation; d'ailleurs, les divisions intestines, les troubles civils et les guerres continuaient à lui être funestes. On avait compris les frères et sœurs voyants au nombre des membres requis par le fondateur, et, malgré cela, il n'y avait, en 1659, que 245 membres, dont 159 aveugles et 86 voyants. Le conseil créé par François 1er pour assister et diriger le chapitre, n'avait pu préserver la congrégation des malheurs amenés par les dissensions politiques. Les propriétés des Aveugles furent endommagées, leur fer-

(1) Ces invectives de Luther n'avaient produit aucun effet en France. Parmi les évêques qui refusèrent leur *placet*, nul ne motiva son refus sur l'abus de ces sortes de prédications.

(2) Rapp. du 12 août 1523 ; ord. du roi du 7 sept. 1523.

(3) Mand., 12 février 1550.

mage diminua; ils furent obligés d'acheter leur blé quelquefois à un prix très-élevé (1). Par délibération du 11 janvier 1685, leurs gouverneurs arrêtèrent, de concert avec l'évêque de Coutances, vicaire de la grande-aumônerie, sauf le bon plaisir du grand-aumônier, que, vu la modicité des revenus de la communauté, le personnel des frères et sœurs serait limité à deux cents (non compris les dix enfants aveugles de l'infirmerie), savoir : cent frères aveugles et deux voyants, 50 sœurs aveugles et 50 voyantes; ce qui formait un total de 210. En 1703, ce chiffre s'était accru de huit. Pour le faire se monter à 300, le cardinal de Coislin, grand-aumônier, statua, le 18 mai 1703, qu'il donnerait quatre-vingt-deux *lettres d'aspirance*; il en accorda 55 à des hommes aveugles et 27 à des femmes. Elles étaient semblables à celles de fraternité. On les enregistrait au greffe. Les *aspirants* prêtaient serment au chapitre, et l'on faisait mention de cette formalité sur leurs lettres. On inscrivait, sur un registre particulier, les candidats à l'aspirance, et on les prenait, par numéro d'ordre, au fur et à mesure qu'il survenait des vacances, de sorte que le premier inscrit était reçu le premier. Il devait en être de même des nominations qui faisaient passer de l'aspirance à la fraternité. Le nombre de candidats aspirants ne dépassa pas, à cette époque, cinquante-quatre. Il est à présumer qu'il fut réduit, à proportion que le nombre des membres augmenta. Il était de 210 en 1713. Un état, daté du 28 juin, le décompose ainsi : 100 frères aveugles, 30 sœurs aveugles, 10 enfants aveugles, 20 frères voyants, y compris (dit le rapporteur) « le dict sieur Serizé maistre du dict hospital qui passe pour deux », et 50 sœurs voyantes; « au quel nombre de 210 personnes a esté reduict (continue-t-il) les 300 qui composoient autrefois le dict hospital des Quinze-Vingts, attendu la diminution des revenus d'icelluy, les entretiens des maisons qui en font la plus grande partie, qui sont vieilles, caducques, où il convient faire journellement des réparations, le payement des arrérages des rentes dont il est chargé, joinct l'entretien de l'église, l'exécution des fondations d'icelle et les gaiges tant du sieur chefcier et ecclésiastiques, maistre, receveur, huissier, portier, organiste, bedeau et autres despenses, excedde toujours la recepte au compte que rend actuellement le ministre ès chapitres qui se tiennent de quinzaine en quinzaine au dict hospital par les dicts sieurs gouverneurs, maistre, ministre et officiers sus dicts qui le composent, sans laquelle réduction le dict hospital n'auroit pu subsister. » Il est donc bien constaté que cet établissement, qui n'avait pas été doté lors de sa création, et auquel S. Louis ne laissa que 30 livres parisis

_____

(1) Lettres patentes du 15 juin 1659.

de rente (ce qui ne l'empêcha pas de prospérer), ne se soutenait plus, en ce dernier temps, que par ses revenus, et se développait proportionnellement à leur augmentation; ce qui vient à l'appui des réflexions que j'ai présentées ci-dessus. Il ne s'arrêta point là. Un autre état, dressé le 13 septembre 1745, le montre au complet et contenant 165 frères aveugles, 50 sœurs aveugles, 10 enfants aveugles, 23 frères voyants et 52 sœurs voyantes; total: 300. On vit alors disparaître tout-à-fait les brevets d'aspirants.

Q. L'article 40 des statuts de 1546, renouvelant en cela, y est-il dit, les anciens statuts, ordonnances et déclarations, fixa à soixante le nombre des frères voyants, et à quatre-vingt-huit celui des sœurs tant aveugles que voyantes. On pensait, sans doute alors, que la maison ne pourrait jamais plus arriver à réunir 300 aveugles; erreur bien pardonnable quand on se souvient que le nombre des frères, tant privés que non privés de la vue, n'était plus que de vingt-cinq à trente. On s'aperçut dans la suite que l'établissement n'avait pas besoin de tant de membres voyants. Le chiffre en fut restreint par le chapitre. Une délibération, du 4 août 1657, porte que les mariages ne seront permis qu'à la condition expresse que les femmes voyantes ne seront admissibles à la fraternité, à aucune distribution ni à aucuns droits de la maison, jusqu'à ce qu'il n'y ait plus que 88 femmes et filles, tant aveugles que voyantes (alors au nombre de 130), conformément à l'article 4 des statuts; et que pareillement les hommes voyants ne seraient plus admis au serment, ni à aucune distribution, jusqu'à ce que leur nombre soit descendu au-dessous de vingt, nombre auquel ils ont été réduits; que les uns et les autres, ou leur père et mère pour eux, renonceront, par acte notarié, à la demande de ces droits, et seront ensuite admis à la jouissance de ces derniers par rang d'ancienneté, quand même le mari aveugle serait décédé. Par une ordonnance, du 15 juin 1659, on voit que le nombre des frères voyants n'était que de seize; celui des sœurs voyantes s'élevait à soixante-dix, « inutiles, y est-il dit, à la maison », mais que le chapitre avait contraint les gouverneurs de recevoir. Il y avait donc alors 86 voyants. Une délibération, du 11 janvier 1685, les réduisit à 70 (20 frères et 50 sœurs). On augmenta ce chiffre de cinq membres (3 frères et 2 sœurs), ainsi qu'on l'a vu. Le nombre des frères voyants fut porté à trente. Les frères et sœurs non aveugles se donnaient, comme ceux qui ne voyaient pas, corps et biens, et, une fois reçus, ne pouvaient aliéner qu'avec la permission du chapitre (1). La communauté, en retour, leur donnait

____

(1) Déclaration capitulaire, du 16 août 1780.

et garantissait, leur vie durant, la jouissance paisible et sûre de tous les droits attribués à cette espèce de fraternité. La délibération capitulaire, qui élève de vingt à trente le nombre des voyants, nous apprend que, parmi eux, se trouvaient le maître, le ministre, deux jurés, quatre capitulants, l'huissier du chapitre, l'infirmier, les deux portiers, le bedeau, le commissionnaire et le balayeur. Elle décide, en outre, qu'aucun frère voyant ne sera reçu, que sous la condition de s'employer pour le service de la maison et l'utilité des frères, toutes les fois qu'il en sera requis, sans pouvoir prétendre à aucune gratification extraordinaire de la part de l'administration, ni à aucuns salaires de la part des frères et sœurs aveugles; et, que cette condition serait insérée dans la formule de leur serment. La délibération du 15 septembre 1657 leur enjoint de prêter main-forte aux maître, ministre, jurés et portier, pour l'exécution des ordonnances et règlements. Parmi les sœurs voyantes, se trouvaient les sœurs infirmières et les autres femmes employées dans l'établissement. On faisait jurer aux unes et aux autres d'obéir à l'aumônier et au sous-aumônier du roi (plus tard, le grand-aumônier et son vicaire-général), ainsi qu'aux maître, ministre et gouverneurs de l'hôtel; de se présenter libres de dettes et de toutes redevances; de garder rigoureusement les secrets de la société; d'y apporter tous leurs biens; de conduire charitablement les Aveugles dans Paris; de les ramener de même, quelque part qu'on les rencontre; et, s'ils les conduisent à la quête dans Paris ou en province, de le faire aussi de la façon la plus convenable et la plus charitable; de quêter pour eux au besoin, et de leur remettre fidèlement la moitié de la collecte; de ne vendre ni donner, à qui que ce soit hors de l'enclos, leur portion de pain; de ne point révéler les conditions auxquelles ils géreraient les quêtes hors de Paris; de faire connaître au maître, au ministre ou aux gouverneurs, tout dommage ou préjudice excédant douze deniers; de ne point découcher, et de ne loger personne sans autorisation; de se rendre dévotement, avec les frères et sœurs, aux processions royales, à leur tour; de se comporter religieusement aux services de fondation, chantés pour les bienfaiteurs de la congrégation; d'assister à la grand'messe et aux prières, qui avaient lieu chaque dimanche à la chapelle; de dire tous les jours, matin et soir, cinq *Pater* pour le sang royal et les bienfaiteurs de l'œuvre; de porter la fleur de lis, spécialement aux processions royales, aux services de fondation et au chapitre, aux quêtes, de même qu'en vaquant aux autres occupations de l'hôtel. Les frères et sœurs voyants eurent toujours la faculté de se marier; mais ils ne purent jamais en user que sous le bon plaisir du chapitre.

R. Quant aux veuves voyantes des Aveugles, non admises à la fraternité (1), elles avaient toutes un logement dans la maison. L'article 19 des statuts de François de Molins ordonnait de renvoyer celles qui étaient inutiles à l'établissement, à moins que, par leur âge ou par leurs infirmités, elles ne fussent hors d'état de gagner leur vie; mais on pensait avec raison qu'elles étaient toutes utiles, ou qu'elles pouvaient, d'un instant à l'autre, le devenir. Ce qui restait, après avoir pourvu aux autres dépenses de l'hôtel, était un fonds commun, avec lequel on les assistait dans leurs besoins. Le chapitre général, du 29 juin 1596, prescrivit qu'il serait donné à chaque veuve, demeurant dans l'enclos, une somme de cent sols prise sur le produit des procurations. On leur laissait la moitié des biens de leur mari, ainsi que le réglait l'article 27 des statuts, auxquels on n'avait rien ôté de ce qu'ils contenaient d'avantageux pour elles.

s. Par suite des nouvelles constructions qui avaient été faites, les revenus des Quinze-Vingts s'étaient considérablement accrus. Le grand-aumônier, frappé de la déplorable situation des bâtiments de l'enclos, dont les uns tombaient de vétusté, et les autres, maçonnés capricieusement et à bon marché, manquaient de solidité, de régularité et de grâce, semblables à de chétives masures, le grand-aumônier, dis-je, conçut le projet de les remettre à neuf, de manière que les Aveugles, relégués dans un bel hôtel au fond, le long du Musée, eussent, sur toute la longueur de la rue Saint-Nicaise, sur la rue Saint-Honoré jusqu'à la place du Palais Royal, sur celle de Saint-Thomas-du-Louvre, et dans l'intérieur de cette vaste enceinte, beaucoup de beaux logements qui auraient été pour eux d'un grand produit. Il s'adressa au roi, de concert avec l'administration de la maison, et lui soumit le plan de reconstruction en relief, qui fut trouvé beau et approuvé. Aussi le conseil, par arrêt du 20 juillet 1746, affecta à la construction de l'église et des bâtiments des Quinze-Vingts la moitié du revenu de la loterie qui avait été autorisée pour subvenir aux frais de l'édification, à peu près terminée, de l'église Saint-Sulpice. Les travaux, commencés en 1748, furent continués sans interruption jusqu'en 1761. Il n'y avait plus à élever qu'un seul corps de logis et l'église, qui était peut-être dans un plus mauvais état que le reste, mais que l'on réservait habilement pour la fin, comme étant la partie la moins susceptible de contribuer à l'accroissement des recettes. L'administration fut accusée d'avoir négligé la reconstruction de l'église

---

(1) On voit, par une ordonnance du 13 juillet 1781, qu'elles étaient appelées à la fraternité par rang d'ancienneté.

pour créer des bâtiments non compris dans la concession, et d'avoir placé sur le clergé des économies de la loterie. Le fait des économies et du placement était vrai; mais ces économies provenaient d'ailleurs. On prétendit que les loyers considérables, qui se retiraient des nouvelles habitations, devaient suffire pour leur achèvement. *La moitié du produit de la loterie* fut donc retirée aux Quinze-Vingts, par arrêt du conseil du 7 septembre 1762. Elle avait donné 2,429,570 livres, 13 sols, 7 deniers, chiffre très-élevé sans doute, mais dont réellement l'emploi avait été fait presque en pure perte, puisque les maçonneries vouées à la démolition par les acquéreurs de l'enclos, furent, à leurs yeux, de nulle ou de très-mince valeur.

Les améliorations survenues dans l'état de la maison et l'augmentation des revenus, firent porter à 2000 livres le traitement du maître, à 1800 celui du ministre et celui du receveur, à 1000 celui du greffier. A chaque frère et sœur aveugle furent allouées 200 livres par an, et il resta encore quelque chose pour former un fonds de réserve (1). Cette situation prospère, qui ne pouvait que suivre proportionnellement les agrandissements successifs de Paris, et l'importance croissante de la valeur des maisons qui occupaient le centre de la ville, auraient dû écarter à tout jamais la pensée de transporter ailleurs l'établissement fondé par S. Louis. Quelle n'aurait pas été, un jour, la fortune des Quinze-Vingts !

(1) Mémoire au roi, 7 septembre 1762.

CHAPITRE III (1779-1790).

A. L'enclos des Quinze-Vingts (1) formait un monument remarquable par la multiplicité et la beauté de ses édifices. L'église seule, bâtie du temps de Louis IX, agrandie ou plutôt reconstruite sous le roi Jean, tombait en ruines. Mais sa reconstruction était arrêtée, le devis en était déjà dressé, et, sur le million que l'établissement destinait à cette œuvre, on avait 600000 livres, dont 400000 provenaient de l'attribution faite à cette fin par le souverain sur le rendement des loteries de piété (2). Pour le malheur des Aveugles, le prince Louis-Réné-Edouard de Rohan (3), à raison de son nom et par le crédit de sa famille, fut nommé, en novembre 1777, grand-aumônier, au retour de son ambassade à Vienne, où il était arrivé avec un million de dettes, et d'où Louis XVI avait été prié de le rappeler, à la demande de l'impératrice Marie-Thérèse. Comme tous les prodigues de bonne maison, il était entouré d'hommes sans délicatesse et sans pudeur, qui n'avaient rien à perdre en considération et avaient besoin d'employer, pour soutenir leur genre de vie, les mêmes moyens que lui.

Par ordonnance du 15 décembre 1775, le roi avait réduit sa maison militaire, afin de diminuer les charges qu'elle lui imposait. Selon les ter-

(1) Il bordait alors au levant la rue Saint-Thomas-du-Louvre, au couchant la rue Saint-Nicaise, au midi l'hôtel et le jardin du duc de Longueville, et au nord la rue Saint-Honoré.

2) Georgel, *Mém.*, t. 1, p. 517 à 521. — Les partisans du cardinal de Rohan se sont efforcés de prouver le contraire de ce que je viens d'énoncer. Ils prétendent que l'état de vétusté et de délabrement de l'ancien enclos, imposaient aux Aveugles d'immenses sacrifices dont il importait de les exonérer.

(3) Tout ce qui va être dit de ce haut dignitaire est acquis à l'histoire, et fondé sur des témoignages dont je puis garantir l'authenticité, bien que les amis de ce grand personnage aient eu le soin de faire disparaître, des archives des Quinze-Vingts, les pièces qui auraient pu compromettre sa réputation et la leur. On sait que, lors de l'affaire du *collier*, le cardinal de Rohan joua un rôle fort peu honorable, que Louis XVI le fit arrêter et l'exila en Auvergne, et qu'en 1801, deux ans avant sa mort, ce même cardinal fut en butte à diverses accusations.

mes de la déclaration du 19 avril 1777, il avait consenti la suppression des deux compagnies des mousquetaires de sa garde, d'une partie de celle des gendarmes et chevau-légers, et de la totalité de la compagnie des grenadiers à cheval. Les charges d'officiers s'obtenaient alors à prix d'argent. La liquidation de celles qui venaient d'être ainsi rayées du cadre, s'élevait à la somme de trois millions sept cent cinquante-sept mille quatrevingt-huit livres (1), laquelle, à cette époque, était énorme pour la maison du roi. Afin de faire face au premier paiement de cette liquidation, on comptait, sans doute, sur la vente des deux hôtels occupés par les mousquetaires, l'un dans le faubourg Saint-Germain, l'autre dans le faubourg Saint-Antoine. Leur vente fut ordonnée par déclaration du 19 avril 1777; mais l'hôtel du faubourg Saint-Antoine ne trouva pas d'acquéreur. Sur ces entrefaites, quelqu'un découvrit un moyen sûr de vendre cet immeuble en beaux deniers comptants au profit du Trésor, sans révéler au public, déjà fort mal disposé, l'état pitoyable des finances de l'Etat par suite des prodigalités des règnes précédents. Ce moyen consistait à transférer ailleurs l'établissement des Quinze-Vingts, en aliénant leur enclos actuel. Ce projet, qui se présentait spécieusement sous le triple point de vue de l'embellissement de Paris, de l'utilité publique et de l'avantage particulier des Aveugles, fut accepté avec empressement par le cardinal de Rohan, parce que, disent ses amis, il y vit la certitude d'accroître les revenus de la maison dont il avait la surveillance, et de procurer à celle-ci un bienêtre et de sensibles améliorations. Sous ce rapport, l'opération était heureuse, belle, grande et morale, comme on le lit dans une sentence arbitrale du 9 fructidor an III. Je voudrais bien croire que ce fût là ce qui séduisit le grand-aumônier, et le porta à faire exécuter ce dessein que le chapitre désapprouva, et qui, par le fait, n'a été ni moral, ni grand, ni beau, ni heureux.

Le cardinal était criblé de dettes ; il lui fallait de l'argent. Ses amis avaient besoin d'en négocier, et la gêne du Trésor devait paraître un motif péremptoire tendant à faire adopter tout expédient propre à apporter à la caisse gouvernementale l'assistance d'un emprunt dissimulé, quelque modique qu'il fût. Le grand-aumônier traita, d'un côté, avec la ville pour l'acquisition de l'hôtel des mousquetaires, et, de l'autre, avec une compagnie pour l'aliénation de l'enclos des Quinze-Vingts. Ceci devait se passer avant juin ou juillet 1779, puisque à cette date la vente était définitivement arrêtée et promise (ainsi qu'il résulte des enquêtes faites par le parlement), et que le cardinal avait déjà reçu un pot de vin qui paraît avoir été de plus de 300000 livres (Requête à l'Assemblée Nationale). Ce prince de l'Eglise,

_____

(1) Déclaration du 19 avril 1777.

n'ayant jamais pu obtenir l'agrément du chapitre (1), prit le parti de s'en passer; mais, pour donner une apparence de régularité à sa conduite, il convoqua chez lui les gouverneurs : deux seulement se rendirent à son invitation; avec leur concours il arrangea tout, selon son désir et ses besoins, et ceux de ses suppôts. Un rapport fut par eux dressé et présenté au roi en décembre 1779, et ils supplièrent Sa Majesté de vouloir bien faire connaître ses intentions. Le cardinal se fit délivrer des lettres patentes royales qui lui permirent de vendre et d'acquérir au nom des Aveugles; ce qui démontre qu'il n'était pas le seul intéressé. Dans ces lettres, datées de décembre 1779, et enregistrées le 31 du même mois, le roi dit que « ses prédécesseurs, en protégeant un établissement aussi pieux, ont non-seulement confirmé ses anciens privilèges, mais lui en ont accordé de nouveaux, afin d'améliorer ses revenus et de le rendre apte à supporter ses charges; qu'occupé également des moyens qui peuvent tendre au plus grand avantage des Quinze-Vingts, il a écouté favorablement le compte qui lui a été rendu par le cardinal de Rohan, grand-aumônier de France et, en cette qualité, supérieur immédiat de leur hôpital, et qu'il a reconnu qu'il ne pouvait mieux remplir ses vues à cet égard qu'en ordonnant la translation de cette maison dans un des faubourgs de Paris, et en autorisant le cardinal à vendre le terrain, l'église et les bâtiments dont elle se compose actuellement, ainsi que les habitations adjacentes à l'enclos et en dépendant. En conséquence, il statue et ordonne que l'hôpital royal des Quinze-Vingts sera et demeurera transféré, le plus tôt que faire se pourra, dans l'hôtel anciennement occupé par les mousquetaires de la deuxième compagnie, situé rue de Charenton, où il jouira à perpétuité des droits, privilèges, franchises, immunités et exemptions, tant ecclésiastiques que laïques, dont il a toujours joui ou dû jouir; qu'il sera, à cet effet, passé contrat de vente de l'hôtel des mousquetaires, circonstances, dépendances et bâtiments, au cardinal de Rohan, grand-aumônier, aux prix et somme de 450000 livres payées entre les mains du garde du trésor royal, qui en tiendra compte à Sa Majesté dans la forme ordinaire et accoutumée; que le cardinal est pareillement autorisé à vendre aux prix, charges, clauses et conditions qu'il croira les plus utiles et les plus avantageuses, l'enclos des Quinze-Vingts et les maisons adjacentes qui en dépendent, pour le prix (après prélèvement des sommes nécessaires tant pour l'acquisition faite, que pour les frais de nouvel établissement) être employé en remplacement et augmentation de dotation et de fondation ; que des premiers deniers, provenant de la vente de l'enclos, il serait versé au trésor royal cinq millions de livres dont on lui passerait constitution de rente à cinq

<hr>

(1) Requête de 1790, p. 9. — Affaires des Quinze-Vingts, p. 2

pour cent; que le surplus du prix de l'aliénation serait employé par le cardinal au paiement tant des 450000 livres dues pour l'acquisition de l'hôtel des mousquetaires, que des réparations à y faire, et frais de transport, sans qu'il fût besoin d'en justifier aux acquéreurs de l'enclos, et le restant placé au profit de l'hôpital. »

Personne ne put douter que le roi, en donnant ces lettres patentes, n'eût été mû par les motifs qu'elles expriment. On ne lui avait laissé voir que ce que cette opération avait d'avantageux. La vente fut faite, au prix de six millions, le jour même de l'enregistrement des lettres susdites, à une compagnie à laquelle le cardinal participait, sous le nom d'un certain Prieur, pour quatre actions formant le dixième du montant de l'acquisition ; fait révélé par les actionnaires eux-mêmes, dans le procès qu'ils intentèrent plus tard à l'hôpital (1). J'ai hâte d'en finir avec le cupide cardinal. J'ajouterai seulement que, lorsque le contrat de vente de l'ancien enclos et celui d'acquisition du nouveau furent présentés au chapitre, les quatre gouverneurs opposants (2) donnèrent, par acte notarié, leur démission motivée sur la violation des statuts, sur le faux exposé fait au roi pour le supplier de faire connaître ses intentions, et sur la conduite irrégulière qui avait été tenue dans toute cette affaire.

B. La vente, dont il vient d'être question, fournit le moyen d'assurer aux Aveugles une assistance pécuniaire fixe et plus abondante que ne l'était, pendant les meilleures années, le produit éventuel de la quête qui fut supprimée, et d'arrêter, avec l'autorisation expresse du souverain, donnée en conseil d'Etat le 14 mars 1783 : 1º la fondation de vingt-cinq places pour des gentilshommes, et de huit autres pour des ecclésiastiques ; 2º l'assignation de pensions alimentaires de 100, 150 et 200 livres, à 300 pauvres aveugles de la province ; 3º la fourniture quotidienne de pain à 150 pauvres aveugles pris parmi les aspirants à la fraternité ; 4º l'établissement de 25 lits pour des indigents de la province, qui, affligés de quelque maladie des yeux, seraient reçus, nourris et traités gratuitement (jusqu'à leur guérison, ou jusqu'à la perte totale de leur vue) par les oculistes les plus experts de la capitale ; 5º l'attribution annuelle d'un prix de 400 livres au meilleur mémoire composé sur un sujet mis au concours, et relatif à la prophylaxie ou à la curation des maladies oculaires. — On ne peut se dispenser de reconnaître que c'était là, en réalité, de grands et

(1) Requête à l'Assemblée Nationale, p. 15.

(2) C'étaient MM. d'Hauterive, chanoine de Paris et conseiller du roi en sa cour de parlement ; Anceline de Quincy, conseiller du roi et correcteur en la Chambre des comptes ; Bernard Moreau, conseiller d'Etat, procureur du roi au Châtelet de Paris, et Pierre Henry, écuyer conseiller sec.étaire du roi, maison et couronne de France et de ses finances.

beaux résultats. Les Aveugles de la congrégation dont. le sort se trouvait
ainsi singulièrement amélioré, les autres auxquels on ménageait des secours, de même que les malades, menacés de cécité, auxquels on offrait
la ressource habituelle d'un traitement gratuit, ne pouvaient que se féliciter
de l'heureuse idée du grand-aumônier. Enfin, à cause du prix qui avait été
fondé, l'humanité tout entière avait le droit d'attendre des découvertes
précieuses pour la conservation des fonctions visuelles. Toutes ces consi-
dérations expliquent comment Louis XVI et son conseil s'étaient déterminés à approuver de confiance le projet du cardinal, malgré les réclamations du parlement qui, du reste, ne blâmait nullement les avantages qui
viennent d'être énumérés. — L'arrêté du conseil d'Etat, qui sanctionna
ces modifications, est du 14 mars 1783. Selon Dulaure, toutes ces belles
dispositions cachaient des dilapidations énormes. Il est certain que le cardinal et ses agents trouvèrent là une mine abondante qu'ils surent exploi-
ter à leur profit. Ils ne se pressèrent nullement de former ni d'organiser
les établissements dont ils venaient de décider la création, en sorte que,
sauf quelques pensions accordées et du pain distribué, les autres améliorations demeurèrent à l'état de projet.

c. S'il fallait s'en rapporter au dire des amis du cardinal de Rohan,
les revenus des Quinze-Vingts, avant la vente de l'enclos, étaient de
176404 livres, 6 sols, 3 deniers, et se seraient élevés, par suite de cette
vente, à 326237 livres, 9 sols, 4 deniers. Un inventaire, du 18 mars
1791, n'en porte le total qu'à 311536 livres, 7 sols, dont 7900 livres
provenaient du loyer des maisons de l'enclos, 13494 de celui des autres
habitations sises dans Paris, 250000 de la rente sur le Trésor, 2295
de rente sur maisons, 382 de rente sur la compagnie des Indes, 19729
de rente sur l'hôtel de ville, 3625 de rente sur les Etats du Languedoc,
1500 sur la ferme générale, 9364 du fermage des terres labourables,
et le reste de divers autres produits.
Pour remplir ces engagements, le cardinal supprima d'abord la quête
et la remplaça, ainsi que les distributions d'usage, par une allocation
fixe. Il avance, dans son ordonnance, que les frères et sœurs lui en
avaient fait la demande au chapitre ; ce qui peut être vrai. Des commissaires nommés par le roi, en 1786, après la disgrâce du cardinal de
Rohan, pour examiner la situation financière des Quinze-Vingts avant et
après leur translation, énoncent, dans leur rapport, que, antérieurement
à la translation, l'établissement avait 176404 livres, 16 sols, 3 deniers
de revenus, et 146641 livres, 16 sols, 11 deniers de charges (d'où
résultait un excédent de 29762 livres, 9 sols, 4 deniers ; état de prospérité qu'on n'avait pas encore vu), et que, depuis le transfert, les

recettes sont de 326237 livres, 16 sols, 6 deniers, et les dépenses (y compris les 333 pensions nouvellement créées et la distribution de pain à 150 aveugles aspirants) de 241736 livres, 9 sols, 4 deniers; d'où un excédent de 84500 livres, 19 sols, 2 deniers. Soit que la recette eût été exagérée, ou qu'on y eût fait entrer des rendements éventuels, elle se trouva n'être que de 311536 livres, 7 sols, lorsqu'on fit l'inventaire des Quinze-Vingts, le 18 mars 1791. Elle comprenait toujours les 250000 livres de rente sur le Trésor, provenant de la condition, mise par le roi, à l'autorisation de la vente, et d'après laquelle, sur les six millions, cinq devaient être touchés par la caisse de l'Etat, et un seulement par la maison des Aveugles.

D. Après avoir aliéné l'enclos des Quinze-Vingts, et avoir acquis l'hôtel des mousquetaires au faubourg Saint-Antoine, le cardinal s'occupa de la translation et des améliorations qu'il avait promises au souverain, et qui devaient justifier, aux yeux du public, la conversion qu'il venait de faire, des maisons et propriétés des Aveugles, en rente cinq pour cent. L'hôtel des mousquetaires fut distribué de telle sorte, que chaque célibataire eut une petite chambre, chaque ménage une chambre plus grande, et deux chambres (au cas où ils auraient des enfants) dont une pour ces derniers et une pour le père et la mère. Les frais de transport furent prélevés sur la caisse de l'hôpital, dans laquelle il y avait 60000 livres (1). Dès le 20 mai 1780, on transféra, dans les caveaux de la chapelle du nouvel enclos, quatorze cercueils de personnes de distinction qui, par affection pour l'établissement, y avaient choisi leur sépulture. Le 9 juin suivant, on procéda à la translation des ossements recueillis dans l'église et dans le cimetière.

E. Les conditions d'admissibilité furent changées. On exigea d'abord un état de cécité complète, impossible à constater, dont l'existence n'est nullement nécessaire pour que l'aveugle soit privé des moyens de vivre. Or, c'était pour cette dernière catégorie d'aveugles, aussi bien que pour l'état de cécité complète, que la maison de Saint-Louis avait été fondée. Que le malheureux n'y voie plus du tout, ou qu'il n'y voie que pour aller sans guide, il ne saurait, dans aucun cas, pourvoir à sa subsistance. Le 24 février 1787, fut faite une visite ayant pour but de s'assurer si tous les membres étaient complétement privés de la vue. On en fit une seconde, le 31 juillet suivant. Deux frères, dont la cécité était *presque* absolue, cinq sœurs et huit autres vieux infirmes furent conservés, et

___

(1) Requête, p. 46. — Dans ce transport, il se cassa pour 149 livres 8 sols de poterie, et pour 341 livres 18 sols de meubles.

l'on renvoya ceux qui n'avaient pas entièrement perdu la vue et qui ne purent pas être admis parmi les voyants. Si l'on ne fit pas de même à l'égard des pensionnaires externes, c'est parce qu'il n'était pas facile de les assujétir à une visite; car un nommé Lemaire qui, sur un certificat de cécité, avait obtenu la pension de cent livres, puis celle de 150 livres, enfin le brevet de frère, ayant été reconnu alors n'être pas absolument privé de la vue, fut renvoyé et déchu de tous ses avantages (1). Cependant Louis IX avait voulu que son établissement fût ouvert à tous les aveugles. Les statuts avaient été faits dans cet esprit, et jusque là nul n'avait eu l'idée d'exclure, du bienfait de cette association, l'infortuné qui aurait pu encore distinguer la lumière d'avec les ténèbres, ou voir confusément les objets de forte apparence. On fit promettre aux Aveugles, notamment de se conformer rigoureusement aux statuts, ordonnances et règlements et, à cet effet, de se les faire lire souvent. Ces conditions d'admissibilité furent arrêtées par le cardinal de Rohan, le 30 mai 1783. Dès ce moment, pour différencier les Aveugles jouissant d'une pension externe, et les Aveugles admis à la fraternité, on désigna ces derniers sous le nom d'*Aveugles de l'ancienne fondation;* aujourd'hui on les nomme *membres des Quinze-Vingts,* et les autres sont dits *pensionnaires* de l'établissement. Le 24 février 1787, le chapitre décida que les Aveugles ne pourraient être reçus qu'à vingt-un ans, à cause des engagements qu'ils contractent. Jusque là on avait reçu de jeunes aveugles orphelins qu'on gardait à l'infirmerie.

F. En 1792, lorsqu'on répondit aux plaintes de certains Aveugles se qualifiant aspirants et surnuméraires, on leur dit avec raison qu'inutilement on donnerait aux aveugles un asile, s'il ne s'y rencontrait pas des voyants pour les conduire et les assister ; et que, si ces derniers n'étaient pas aux Quinze-Vingts, il faudrait les remplacer par des serviteurs gagés qui n'auraient ni la stabilité, ni le dévouement de membres de la maison, et entraîneraient une dépense plus considérable ; que l'espoir d'être membre voyant favorisait le mariage des Aveugles, et leur donnait ainsi des appuis et des consolateurs plus attachés à leur personne et plus sensibles à leur infortune ; et que cette institution, qui ne dérogeait point à la fondation, était aussi ancienne qu'elle. Le nombre des frères et sœurs voyants, qui avait été d'abord assez élevé, était descendu au chiffre de vingt, du temps du cardinal de Rohan. Etant alors en dehors des 300 membres aveugles qui étaient au complet, ils étaient comme des employés qui coûtaient peu, et sur le zèle et la bonne conduite desquels

(1) Délibération capitul., 7 août 1787.

on pouvait compter d'autant mieux, que la maison devenait la leur. Ils remplissaient les emplois de jurés, de boulangers, de balayeurs, de garçons de peine, etc. Car on n'admettait point d'étrangers, pour le service des membres ou de l'établissement, conformément aux intentions de S. Louis, et au grand profit des Aveugles.

G. Avant la translation des Quinze-Vingts, il y avait douze ecclésiastiques (1); ils furent réduits à huit, par ordonnance du 2 juin 1783. L'un des chapelains onéraires, nommé Hespelle, chefcier, fut remercié, ayant eu le malheur de déplaire au cardinal, pour s'être plaint des scandales que donnait, dans l'hôtel, l'un des gouverneurs, et pour avoir refusé de signer une déclaration attestant que l'administration de la maison était parfaite. Il demanda le motif de son renvoi : « Je suis votre maître, lui répondit le cardinal ; je n'ai pas de compte à vous rendre : je vous donne huit jours, pour prendre votre arrangement. » Le cardinal le remplaça dans son office ; les lettres de nomination sont dans les archives (2). Son Eminence y dit qu'en sa qualité de grand-aumônier et par concession apostolique et attribution des rois de France, il a toute la juridiction spirituelle en l'église et maison de l'hôpital royal des Quinze-Vingts de Paris.

H. La translation du service religieux fut poursuivie à l'officialité diocésaine par le chefcier et son vicaire, Elle fut consentie, à condition que la bénédiction du nouveau cimetière serait faite par commission de l'archevêque, et que la maison payerait annuellement cent cinquante livres de rente au curé de Sainte-Marguerite, et autant à sa fabrique, pour les indemniser des torts que leur occasionneraient l'exemption du nouvel enclos, ainsi que les offrandes des quatre principales fêtes de l'année ; ce qui prouve qu'on avait pris pour locaux des priviléges qui sont personnels et accompagnent naturellement la communauté partout ou elle va. Cette convention fut signée le 5 septembre et homologuée le 7. En la faisant signifier, le 14, au curé de Sainte-Marguerite, le cardinal formula toutes ses protestations et réserves contre le droit de percevoir les offrandes. Il déclara pareillement, le 16, au chapitre de Notre-Dame, que l'hôpital royal des Quinze-Vingts jouirait, dans toute l'étendue de son nouvel enclos, de tous les droits, priviléges, franchises, immunités et exemptions, tant ecclésiastiques que laïques, dont il avait toujours joui ou dû jouir dans l'ancien enclos rue St-Honoré, ainsi qu'il était porté aux lettres

(1) Georgel, *Mém.*, t. I, p. 515.
(2) Lettres, du 5 janvier 1785.

patentes de décembre 1779 dûment enregistrées, et notamment que sa dite Altesse Eminentissime, en sa qualité de grand-aumônier de France, jouissait, dans toute l'étendue de ce nouvel enclos, de tous les droits de juridiction épiscopale ou quasi-épiscopale dont Elle avait toujours joui ou dû jouir, faisant toutes réserves et protestations contre la réserve des offrandes et autres droits du chapitre de Notre-Dame. Les offrandes ne furent pas payées. Le curé de Sainte-Marguerite les réclama en 1789. Le directeur général de l'établissement fit observer qu'il y avait des années où elles ne s'étaient pas montées à 8 sols. Aimant mieux reconnaître un droit incertain que d'atirer un nouveau procès au cardinal de Rohan, le chapitre des Quinze-Vingts ordonna (1) qu'elles fussent remises au dit curé.

ı. Les fondations étaient fort mal tenues, vu qu'il n'y avait pas pour elles de registre spécial. On en prenait note à la sacristie sur des cartons, sans indiquer les titres qui les établissaient. Un premier état dressé en 1783 les porte au nombre de 1486, un second à 1431, un troisième à 1550, et un quatrième à 1709. Ces fondations, à l'exception de quatre messes hautes, auxquelles les fondations antérieures avaient été réduites en 1641, par ordonnance du grand-aumônier, ne remontaient pas au delà de 1661. Elles avaient produit en rente 2294 livres, et en argent, maison ou terres, une valeur de 237900 livres. Quelques-unes avaient été faites par donation avec constitution de rente : or, comme la rente avait cessé d'être en rapport avec les fonds, le chapitre avait décidé qu'elles ne seraient plus acquitées. Selon toute apparence, la réduction des fondations ne fut effectuée qu'en 1779 par le cardinal de Rohan, sur le vu d'une lettre du chefcier et d'une nouvelle requête du chapitre qui, déjà en 1638, avait raisonnablement demandé que le nombre en fût diminué proportionnellement aux revenus de la maison.

ȷ. Le 28 juillet 1782, l'abbé Georgel, grand-vicaire du grand-aumônier de France, présenta au chapitre des Quinze-Vingts des lettres du cardinal de Rohan, datées du 13, adressées aux gouverneurs-administrateurs et aux maître, ministre, jurés, capitulants, frères et sœurs de l'hôpital royal des Aveugles, portant qu'il sera établi une infirmerie (2)

---

(1) Déclarat. capitul. du 2 octobre 1789.

(2) Laquelle a eu, depuis cette époque, une chapelle particulière, distincte de celle de l'établissement. Jusqu'en 1830, cette chapelle de l'infirmerie a été desservie par l'un des trois chapelains des Quinze-Vingts, d'une manière régulière. Depuis 1830, le service n'a plus été réglé : on y dit de temps à autre une messe, les malades, qui ne le sont pas trop, allant à la chapelle de la maison, et celle de l'infirmerie étant considérée comme une chapelle de secours.

pour les frères et sœurs vieux et infirmes, et pour les malades, dans laquelle ils pourront, avec permission préalable, être admis, nourris, blanchis et pourvus de toutes les choses nécessaires à leur subsistance, et recevoir en outre deux sols par jour pour leur tabac et autres dépenses à leur volonté. Il existait déjà une infirmerie anciennement, comme il a été dit. Les statuts de 1546 enjoignent strictement aux commis gouverneurs, aux officiers de l'hôtel, et spécialement au maître, au ministre et à leurs épouses, de visiter les malades, et en particulier ceux de *l'infirmerie*, et de faire connaître leur maladie aux autres frères qui, se trouvant dans l'aisance, peuvent leur procurer quelques douceurs (art. 36). Mais le service devait en être mal fait; aussi une délibération prise en chapitre général, le 29 juin 1596, nous apprend que l'on n'y allait plus; car, il fut décidé que, pour éviter la dégradation des bâtiments, on y ferait habiter quelqu'un. Il est probable que c'est à dater de cette époque que l'infirmerie avait cessé d'exister, et qu'on l'avait remplacée par le *droit de grabataire*, supplément de distribution accordé aux malades alités, pour les mettre en état de rémunérer la garde dont ils pourraient avoir à réclamer le secours.

En exécution de l'ordonnance du cardinal qui, de sa propre autorité et pleine supériorité, prescrivait que l'on choisirait un local pour y établir une infirmerie, on construisit le bâtiment affecté à cette destination (1). La distribution, qu'on a modifiée pour la commodité du service devenu beaucoup moins important qu'il n'est susceptible de l'être, était fort bien entendue; mais l'exécution des travaux était mauvaise. On s'en plaignit. Le procureur de la chambre de la maçonnerie du Palais assigna, par-devant cette chambre, le directeur-général des Quinze-Vingts et l'architecte, et prononça, par sentence du 22 février 1788, la suspension des travaux. Le roi évoqua l'affaire à son conseil, par arrêt du 8 mars. On dut continuer les constructions avec plus de soin; et, malgré cela, l'une des salles n'a pas été assez solide pour supporter le poids des lits, et il a fallu refaire et raffermir le plafond de celles qui servent, en attendant que la même réparation soit faite aux autres. Cet édifice, complétement isolé, se compose de deux pavillons, l'un à l'est, l'autre à l'ouest, et d'un corps de logis. Chacun des pavillons contient deux salles fort belles et parfaitement aérées, une pour les infirmes, et une pour les malades. Le corps de logis est formé du réfectoire des infirmes, au-dessus duquel sont la chapelle et beaucoup de chambres pour les employés de l'infirmerie, et les ménages des Aveugles qui ont besoin d'y être transportés. Un vaste jardin et deux promenades se

---

(1) Il fut bâti sur l'emplacement de l'ancien manége des Mousquetaires.

développent au-devant de cet asile des douleurs. On a eu le tort de
diviser ce jardin en deux, à une époque où l'infirmerie était presque
déserte. Celle de ses deux sections, non affectée à l'usage de l'infirmerie,
a été dépouillée de ses arbres après 1830, et se trouve, en ce moment,
encombrée de chétives masures. Pour organiser cette maison des malades, on n'avait pas attendu que la maçonnerie en fût achevée. Des chambres de l'établissement avaient été affectées à ce service. On sentit bientôt que l'ordonnance du grand-aumônier laissait à désirer. Sous son
successeur, le chapitre, sur le rapport du directeur-général, statua, le
31 juillet 1787, que l'on recevrait, à l'infirmerie, non-seulement les
frères et sœurs Aveugles, mais encore les maris non frères, les femmes
non sœurs, et les enfants, moyennant la retenue de leur prêt, ainsi
que tous les sujets attachés au service de l'hôpital et y demeurant (1),
à l'exception des membres de l'administration, des ecclésiastiques et
des individus qui devaient s'assister mutuellement. Le 2 septembre 1790,
le chapitre porta de 2 sols à 4 par jour la somme qu'on remettait aux
frères et sœurs de l'infirmerie pour leurs menues dépenses.

(1) Par conséquent, les veuves ; ce qui était rationnel et convenable, et même nécessaire,
les hôpitaux de Paris pouvant, avec raison, refuser de les recevoir, ainsi que cela est déjà
arrivé.

CHAPITRE IV (1790-1814).

A. De la lutte que les Quinze-Vingts avaient eue à soutenir avec le cardinal de Rohan, au sujet de l'aliénation de l'enclos primitif, était sortie une administration que les frères et sœurs Aveugles ne supportaient pas sans peine. Profitant de la liberté que leur rendait la nouvelle constitution politique, ils se réunirent, le 9 août 1790, en chapitre général, et délibérèrent unanimement de recourir à l'Assemblée Nationale. Leur requête, vrai pathos de barreau, rédigée à cet effet et présentée par les jurés, les capitulants et un avocat nommé Ardent, exagère ou atténue les faits, selon le besoin de la cause, comme s'il importait peu d'être sévère dans le choix et dans l'exposé des moyens. Les Aveugles demandent : 1° que les statuts, les lois, les règlements enregistrés qui les ont toujours gouvernés, continuent d'être exécutés selon leur forme et teneur ; — 2° que leur ancienne et vertueuse administration soit rétablie ; — 3° que leurs anciens et respectables officiers et chapelains reprennent leurs fonctions ; — 4° que les nominations aux places vacantes de frères soient faites par les frères Aveugles assemblés en chapitre ; etc. etc. etc. Cette pétition fut renvoyée, par décret du 16 septembre 1790, au comité des Rapports, avec les pièces qui y étaient jointes. Six jours auparavant (dans son décret qui supprimait diverses rentes, indemnités, secours, traitements, ainsi que la commission établie pour le soulagement des maisons religieuses), l'Assemblée Nationale avait déclaré qu'il serait sursis à statuer sur la rente de 250000 livres, qui se payait aux Quinze-Vingts, jusqu'à ce que le comité ecclésiastique eût rendu compte de la situation de cet hôpital (1). Le ministre des finances s'abstint de faire figurer cette rente dans les états joints au mémoire qu'il présenta le 21 juillet de cette année, comprenant les comptes de recettes et

(1) Loi du 10-21 septembre 1790.

de dépenses depuis le 1er mai 1789 jusqu'au 1er mai 1790 : cependant, parmi les recettes figure un à-compte sur le prix d'une maison des Aveugles, et au nombre des dépenses, la somme de 431152 livres, à-compte du premier million de l'emprunt des Quinze-Vingts, lequel était remboursable en décembre 1789.

Le 8 février 1791, une députation des Quinze-Vingts présenta à l'Assemblée Nationale une adresse sur le redressement des griefs des frères, contre l'administration de leur hôpital. Il est évident que, si le Trésor n'avait pas continué de payer la rente de 150000 livres, dont l'établissement ne pouvait se passer, les Aveugles auraient profité de cette circonstance pour réclamer, ou plutôt auraient commencé par supplier l'Assemblée de vouloir bien leur maintenir leurs moyens d'existence, et lui auraient ensuite adressé leurs plaintes contre leur administration. Les Aveugles refirent, en 1791, leur requête de 1790, sous le titre d'*Exposé pour les frères des Quinze-Vingts.* Cette fois, laissant de coté les exagérations, et s'attachant uniquement à déclarer leurs griefs avec sincérité et d'une manière complète, « ils demandent que les arrêts du conseil et tous les actes arbitraires, par lesquels, au mépris des statuts de l'hôpital, leur ancien et salutaire gouvernement a été renversé, ses officiers ont été arbitrairement destitués..... etc. etc., soient annulés. » Cette requête fut portée le 3 février 1791 à l'Assemblée Nationale. Le comité des rapports, le comité ecclésiastique, celui d'aliénation et de mendicité, furent saisis de cette affaire ; et, dans la séance du 7 avril, ils firent un rapport sur toutes les pétitions présentées par les Aveugles. L'Assemblée Nationale rendit un décret ainsi conçu : 1° En exécution de l'article 13 du titre Ier de la loi du 5 novembre, la maison de secours des Quinze-Vingts continuera d'être administrée comme par le passé ; — 2° Les administrateurs de la dite maison rendront compte de leur administration, en conformité de l'article 14 du même titre de la même loi ; — 3° L'Assemblée Nationale, sans s'arrêter aux arrêts rendus au conseil sur les diverses consultations, postérieurement aux lettres patentes qui portent qu'il serait procédé à la vente de l'hôtel et enclos des Quinze-Vingts, autorise les diverses parties à se pourvoir par-devant les tribunaux. — Ainsi, l'établissement des Aveugles dut être désormais régi, d'après la loi du 5 novembre 1790 sur les biens déclarés nationaux et sur ceux de même nature, tels qu'étaient ceux des hôpitaux, maisons de charité et autres destinées au soulagement des pauvres, que l'Assemblée s'abstenait de déclarer nationaux (1). Je dois faire remarquer que la rente de 250000 livres, qui se payait aux Quinze-Vingts, fut maintenue en 1790, et qu'en 1791 elle fut comprise (2) dans un article

____

(1) Loi des 23 et 28 octobre — 5 novembre 1790, titre Ier, article Ier.
(2) En vertu de l'article Ier du décret du 18 février.

G

commun de dépenses, portant qu'il serait fait fonds au trésor public, tant par les revenus ordinaires de l'Etat, que par les impositions générales et communes, d'une somme de 282700 livres, pour acquitter toutes les dépenses attribuées au culte, à la liste civile..... aux Invalides et aux Quinze-Vingts (1), aux Enfants-Trouvés, etc.

B. Parmi les huit prêtres des Quinze-Vingts, un seul prêta le serment requis par la constitution civile du clergé. Les autres n'en restèrent pas moins dans la maison, malgré la sommation qu'un commissaire de la commune vint leur faire de sortir, le 1er avril 1791. Cela dura ainsi jusqu'au 18 avril 1792, époque où ils furent mis dehors, après avoir payé le loyer du logement qu'ils avaient occupé, sans titre, pendant un an. Toutefois, dès le mois de novembre, l'administration, décidée à conserver trois places de chapelains, avait sans information préalable, et sur la demande de l'abbé Clerget, député à l'Assemblée Nationale, admis de suite ce dernier, attendu qu'il se trouvait dans l'hôtel (2). L'abbé Desesquelle qui avait d'abord refusé le serment, le prêta, dans la séance du 24 décembre 1791, de sorte qu'il y eut alors trois chapelains constitutionnels. Ils s'adjoignirent un prêtre externe, sous le nom d'habitué. Mais ils ne purent suffire à toutes les exigences du service. Ainsi l'abbé Desesquelle représenta que la maison devait faire acquitter annuellement, en messes hautes et basses, en services funèbres et obits, mille quatre cent quatre-vingt-dix-neuf fondations, et que les trois chapelains ensemble, avec le prêtre habitué, ne pouvaient en acquitter dans l'année que mille quatre cents; d'où la nécessité de donner à ces ecclésiastiques un nouvel auxiliaire; sur quoi, l'administration décida, le 16 mai 1792, qu'il serait fait choix d'un second prêtre habitué. Mais, le 15 novembre suivant, dans le but de diminuer les frais du culte, on supprima les deux ecclésiastiques externes, et, le 29 octobre 1793, par la même raison d'économie, on ne conserva qu'un seul prêtre dans la maison. C'était encore trop pour le temps; aussi, le 16 novembre de la même année, il fut arrêté par les Aveugles qu'il n'y aurait plus de prêtre chez eux, et qu'on aviserait aux moyens de former une société fraternelle qui n'aurait pour but que de s'instruire par des cours de morale. Une députation de leur société apporta cette délibération aux administrateurs, et leur dit en la présentant : « Le flambeau de la Raison, qui a dessillé les yeux des vrais sans-culottes, a aussi éclairé les âmes des Aveugles des Quinze-Vingts. En conséquence,

---

(1) Le lecteur notera ici l'assimilation et l'union de ces invalides de l'humanité, à ceux que fait la guerre.

(2) Délibérat. capitul., 5 novembre 1791.

ils vous invitent, citoyens administrateurs, à prendre en considération la délibération qu'ils ont prise à ce sujet. » L'administration, se rendant à des vœux si bien en harmonie avec les idées du moment, statua que les objets du culte seraient immédiatement placés sous les scellés. Ordre fut donné à l'abbé Desesquelle de déguerpir. La commune fut priée de faire enlever la seule cloche qui restât encore, et l'on porta à la Monnaie environ 170 marcs d'argenterie.

c. « Frappé de l'industrie de quelques Aveugles, Valentin Haüy (1) crut qu'on pouvait tout obtenir d'eux par le toucher. Il fit des essais ; quelques-uns réussirent fort bien, et eurent de l'éclat. Alors la société philanthropique vint à son aide. Une espèce d'école fut fondée, une méthode spéciale d'enseignement fut proposée. La nouveauté de l'entreprise attira l'attention ; des séances publiques l'entretinrent. Tous les spectateurs émerveillés prônèrent le zèle de l'instituteur et le bienfait de sa charitable institution. » (2). En effet, considérant que l'Aveugle Saunderson avait composé pour son usage une machine à calculer ; que l'Aveugle Puyseaux avait appris à lire à son fils avec des caractères mobiles en relief ; que Mlle de Salignac se servait de caractères semblables ; que l'Aveugle Lamouroux les employait pour la musique ; que l'Aveugle Weissembourg avait, à l'aide de caractères en relief, appris à écrire avec la plume, qu'il avait acquis les notions de la géographie avec des cartes ordinaires préparées de manière à pouvoir reconnaître au toucher ce qui se présente aux yeux des voyants ; que Mlle Paradis était parvenue à épeler, par le secours de lettrés en carton, et à lire des phrases pointées sur une carte avec des épingles ; Valentin Haüy pensa avec raison qu'il serait possible, grâce à ces moyens perfectionnés et de quelques autres, de donner une éducation libérale aux personnes privées de la vue. Il crut même qu'il y avait lieu d'espérer de mettre un jour tous les Aveugles à l'abri de l'indigence. Ayant choisi, à la porte d'une église, un enfant de seize ans, devenu aveugle à l'âge de six semaines, il l'instruisit rapidement, et, quand il fut ainsi assuré de l'efficacité de sa méthode, il écrivit son *Essai sur l'éducation des Aveugles*, et le lut à la société philanthropique qui, accueillant ce projet avec enthousiasme, vota à l'instant une subvention de douze livres par mois à douze enfants aveugles que l'on confia à l'inventeur. Cette institution, fondée le 19 février 1785, fut remarquée du public. Les élèves, en petit nombre, et partant dirigés avec zèle et un soin tout particu-

(1) Frère puiné du physicien et minéralogiste distingué (l'abbé Haüy, mort en 1822).

(2) Brousse-Desfaucherets, distribution des prix en 1806.

lier, firent des prodiges. On parlait d'eux à Paris et à Versailles. Ils furent admis, le 26 décembre 1786, à faire leurs exercices devant le roi et la reine, à Versailles, où, pendant huit jours, ils furent logés au château. Ils étaient alors vingt-quatre, dont dix-sept pensionnaires de la maison philanthropique de Paris, un de celle de Versailles, deux filles postulantes, deux garçons reçus gratuitement, et deux payant pension. La dissolution de la société philanthropique compromit l'existence de l'institution de Haüy, qui allait en prospérant. Le 27 juillet 1791, l'Assemblée Nationale, sur un rapport qui lui fut présenté au nom des comités réunis de l'extinction de la mendicité, d'aliénation, des finances et de constitution, décréta que le local et les bâtiments du couvent des Célestins, situés à Paris près de l'Arsenal, seraient destinés aux écoles consacrées à l'instruction des sourds-muets et des aveugles-nés. Le 28 septembre suivant, après l'audition d'un nouveau rapport rédigé au nom des mêmes comités, elle décréta qu'il serait pris, sur les revenus des Quinze-Vingts, et, en cas d'insuffisance, sur le trésor national : 1° une somme annuelle de 13900 livres pour les honoraires d'un premier instituteur, d'un second, d'un adjoint, de deux inspecteurs chefs d'atelier, de deux gouvernantes, de filles maîtresses de travaux, de quatre maîtres de musique, et de huit répétiteurs aveugles ; 2° pour la présente année seulement, 10500 livres pour trente pensions gratuites, à raison de 350 livres chacune. En prélevant, sur les revenus des Quinze-Vingts, de quoi subvenir aux frais de l'institution des Aveugles-nés, l'Assemblée se conformait aux dispositions des lettres patentes de décembre 1779. Les pensions furent acquittées, à ce qu'il paraît, à l'aide des fonds du trésor de l'Etat ; car un décret de l'Assemblée Législative ordonne qu'elles continueront d'être payées par la trésorerie nationale, jusqu'au moment de la nouvelle organisation de l'instruction publique (1). Par un autre décret, du 18 juin 1794, la Convention, à laquelle Haüy vint le demander en personne, arrêta que chaque quartier du traitement accordé par la nation aux *Jeunes-Aveugles*, serait payé d'avance. A cette faveur elle en ajouta une seconde, en créant, le 28 juillet 1795, 86 places gratuites dans le nouvel institut des Jeunes-Aveugles, appelé *Institut national des Aveugles travailleurs*, une pour chacun des 86 départements, lesquelles places devaient être accordées à des aveugles âgés de plus de sept ans, et de moins de seize, pouvant prouver, dans les formes légales, leur indigence et l'impossibilité de payer leur pension. Le décret qui organisait l'instruction publique, du 25 octobre 1795, disait (article 2, titre III) : « Il y aura de plus

---

(1) Collection générale des décrets.

des écoles pour les Aveugles-nés. » Enfin, par un arrêté du 7 octobre
1800, le ministre décida que l'administration des Aveugles-travailleurs
ferait réunir sans délai ces aveugles aux Quinze-Vingts, et qu'elle pren-
drait, avec l'instituteur des Jeunes-Aveugles, toutes les mesures nécessaires pour cette translation; que cet instituteur serait seul chargé de l'éducation morale et de l'enseignement de ces Aveugles, laissant aux autres
la faculté d'en profiter; et qu'il présenterait, dans le délai de cinq jours,
un plan d'instruction et d'éducation. Les Aveugles-travailleurs durent faire
quelque difficulté de venir aux Quinze-Vingts. Chaptal adressa, à ce
sujet, le 4 janvier 1801, un rapport aux consuls, et, le 16 février, parut
une décision portant qu'ils seraient transférés, sous les vingt-quatre heures,
à la maison nationale des Quinze-Vingts (1). Le décret signé L. Bonaparte,
du 7 octobre 1800, qui, dans un même établissement, réunissait, sous
le titre d'Aveugles de première classe et d'aveugles de seconde classe,
les membres de l'hospice et les élèves de l'institut, avait paru à la suite d'un
rapport, dans lequel on s'efforçait de faire ressortir soit l'économie qui
résulterait de cette réunion, soit même l'avantage que celle-ci offrirait aux
membres de l'hospice qui, au contact des jeunes élèves, pourraient perdre
leurs habitudes d'oisiveté.

D. Dès le 29 mars 1791, un mémoire avait été remis par des personnes
privées de la vue, afin d'obtenir que la forme suivie pour l'admission
aux Quinze-Vingts fût changée. Il fut envoyé au comité des rapports. Cette
fois c'étaient vingt-quatre Aveugles, se qualifiant *d'aspirants-surnumérai-
res*, qui se plaignaient d'être depuis longtemps candidats, tandis que l'on
avait reçu, à leur préjudice, des gens qui n'auraient pas dû être admis,
soit parce qu'ils n'étaient pas aspirants, soit parce qu'ils n'étaient pas
frappés de cécité, soit parce qu'ils n'étaient pas indigents. Ils prétendaient qu'à la suite de la liste des aveugles reçus, il devait y en avoir
une des aveugles aspirants, ayant l'expectative des places vacantes
suivant leur rang d'inscription. Ils disaient que l'hôpital des Quinze-
Vingts avait été fondé pour 300 aveugles, et que, néanmoins, on y trouvait
68 individus voyant clair, dont 50 femmes et 18 hommes, lesquels
occupaient des places d'aveugles, jouissant des avantages et des rétributions accordés à ceux qui ont perdu l'usage de leurs yeux. « Faut-il
donc, s'écriaient-ils enfin, qu'une administration corrompue n'ait point
d'égards pour des êtres malheureux? » On répondit que l'administration
qu'ils calomniaient n'avait repris ses fonctions que depuis neuf mois, et

(1) Les frais de cette translation se montèrent à 1191 francs 80 centimes.

n'avait pas fait une seule des réceptions dont ils se plaignaient ; qu'il n'y avait, et ne pouvait y avoir, ni aspirance, ni surnumérariat à des places auxquelles avaient droit tous les aveugles du royaume, et dont il convenait de gratifier ceux qui, au moment de la vacance, en étaient reconnus les plus dignes ; que les voyants étaient indispensables dans une maison d'aveugles, et que, de temps immémorial, le nombre en était fixé à 70, dont 52 hommes et 18 femmes (1). Ces soi-disant surnuméraires et aspirants étaient des aveugles qui, voulant mendier dans Paris sans être inquiétés par la police, avaient sollicité et obtenu du grand-aumônier des lettres qualifiées d'aspirance qui n'étaient, en réalité, qu'une sorte de sauvegarde, un privilége particulier, qui, les mettant à l'abri des poursuites dont ils auraient pu être l'objet, écartait le délit de mendicité, sans donner pourtant aucun droit aux places qui viendraient à vaquer. Jamais on ne l'avait pris en considération pour les nominations à faire ; et ceux, auxquels il avait été octroyé, n'avaient pas encore eu l'idée de s'en prévaloir pour qu'on les préférât aux autres Aveugles. Ils n'auraient probablement pas voulu qu'on leur eût délivré ce privilége ; car, habitués à tendre la main sur la voie publique, il gagnaient plus à cela, avant la disparition des espèces sonnantes que l'hôpital donnait à ses membres. Ces prétendus surnuméraires ne se tinrent pas pour battus. Renouvelant leurs plaintes contre ce qu'ils appelaient les injustices des supérieurs administrateurs des Quinze-Vingts, ils les portèrent eux-mêmes à la Convention, qui les admit à sa séance du 27 janvier 1793, et renvoya au mercredi suivant (30 dudit mois) la lecture du rapport qu'un membre du comité annonça être tout prêt. Il ne fut pas question d'eux le mercredi fixé ; mais le lendemain un membre du comité des secours publics communiqua divers renseignements recueillis par ce comité sur les Quinze-Vingts, et fit savoir qu'un rapport aurait lieu sur l'état général de cet établissement. La Convention décréta que le rapport serait fait le lundi 4 février. Ce jour-là, un membre du comité des secours proposa la suppression de cette maison. On réclama et l'on adopta la question préalable. L'assemblée chargea le dit comité de lui présenter un mode d'organisation provisoire de l'administration de l'asile des Aveugles. Enfin, dans la séance du mercredi 1er mai de la même année, la Convention, après avoir entendu les propositions du comité, décréta que le pouvoir exécutif lui fournirait incessamment les instructions et documents propres à la mettre en état de prononcer définitivement sur les demandes et réclamations de Pierre Marest, Jacques Ogras, Marc Gauthier, etc., ainsi que sur celles des Aveugles se disant aspirants à l'hôpital des Quinze-Vingts ; et que,

______

(1) Réponse pour l'administration.

pourtant, le conseil exécutif était autorisé à accorder, sur les fonds de cette maison, à ceux des dits réclamants dont les demandes lui paraîtraient justes, des secours provisoires à domicile, dont le maximum ne pourrait pas excéder quinze sols par jour. Le conseil exécutif, n'ayant probablement pas donné tous les renseignements dont on avait besoin, la Convention (séance du 9 juillet 1793), après avoir entendu son comité des secours publics sur l'arrêté du département de Paris, concernant les Aveugles aspirants à l'hôpital des Quinze-Vingts, décréta qu'elle autorisait le directeur de ce département à retirer, en présence de deux commissaires pris dans son sein, les registre de l'hôpital précité, desquels ils demeurerait dépositaire jusqu'à ce qu'il en fût autrement ordonné, à l'effet d'y puiser toutes les notions nécessaires, tant pour ce qui regardait les individus existants dans cet hôpital, que relativement à l'exécution du décret du 1er mai, rendu en faveur des Aveugles aspirants. Le 21 avril 1794, la Convention nationale décréta que la commission des secours publics ferait provisoirement compter, aux administrateurs de l'établissement, 40000 livres pour soulager les pauvres aveugles qui . avaient droit de prétendre à l'hospice des Quinze-Vingts. Le 10 juillet suivant, sur une nouvelle pétition qu'ils lui présentèrent et qu'un membre convertit en motion, il fut délibéré que, outre les quinze sols par jour dont l'administration des Quinze-Vingts les gratifiait, ils recevraient une subvention de dix sols par jour pour leurs femmes, et une autre de cinq sols pour chacun de leurs enfants, subvention qui leur serait payée dans leur section respective. Le 21 janvier 1795, sur la proposition de son comité des secours, la Convention décréta que le secours quotidien de quinze sols, octroyé aux aveugles aspirants à l'hospice des Quinze-Vingts, serait porté à vingt sols payables sur les fonds affectés au paiement du premier secours, sans préjudice de celui de dix et de cinq sols décrété en faveur de leurs femmes et enfants. Enfin, le Directoire exécutif, dans un de ses messages au Conseil des Cinq-Cents, l'invita à prendre des mesures pour assurer l'accomplissement des lois qui assurent des secours aux aveugles aspirants. Ces derniers étaient alors inscrits au nombre de mille environ. A raison de quinze sols par jour, la subvention se serait montée à 270000 livres par an. Le Directoire demanda, le 17 mars 1797, la somme de 300,000 livres, à laquelle elle évalua les fonds nécessaires pour assister tous les aveugles indigents. On voit avec quelle sollicitude la Convention s'occupait d'eux (1). La dépréciation des monnaies et le refroidissement de la cha-

____

(1) Il n'en fut pas de même à la suite de la révolution de 1830, comme on le verra en son lieu.

rité publique, étaient, pour cette assemblée, des motifs suffisants pour l'engager à augmenter le secours qu'elle leur allouait (1).

E. Sur un rapport du comité des secours, la Convention (séance du 22 juillet 1793) avait décrété : — 1° que la maison des Quinze-Vingts serait, provisoirement et jusqu'après l'organisation générale des hôpitaux, régie et gouvernée sous la surveillance du département de Paris, de la manière énoncée ci-après ; — 2° que le conseil général de la commune de Paris nommerait quatre administrateurs et un caissier responsable ; le caissier serait seul salarié ; il serait tenu de fournir, en immeubles, un cautionnement dont le montant serait fixé par le département ; — 3° que les douze jurés, membres des Quinze-Vingts, continueraient d'être appelés aux délibérations concernant l'administration intérieure de cet hôpital, et y auraient voix délibérative ; — 4° que tous les employés nécessaires pour le service de la maison, seraient nommés par les administrateurs et jurés, à la simple pluralité des suffrages ; — 5° que ceux des pauvre Aveugles et voyants, actuellement existants dans l'enclos des Quinze-Vingts, qui préféreraient des pensions à domicile, seraient libres de sortir dudit hôpital, en indiquant le lieu où ils voudraient se retirer. Ils conserveraient, ainsi que leurs enfants au dessous de l'âge de seize ans, le traitement dont ils jouissaient dans l'établissement ; ce traitement leur serait payé aux époques et dans la forme qui s'observent à l'égard des autres pensionnaires externes. Il seraient en outre défrayés de leur voyage, sur le pied de cinq sols par lieue de poste. Le conducteur que l'Aveugle se choisirait recevrait la même indemnité ; — 6° que les individus qui quitteraient l'hôpital, pourraient disposer librement des meubles et effets qu'ils y avaient apportés, ou qu'ils auraient acquis postérieurement à leur admission, toutes les donations, qu'ils pourraient en avoir faites à la maison, demeurant nulles et comme non avenues ; — 7° que, dans le délai de trois mois à partir du jour de la publication du présent décret, le département de Paris rendrait, au conseil général exécutif provisoire, un compte détaillé de la situation dudit hôpital ; — 8° qu'on aurait soin d'indiquer, dans ce compte, s'il existe, soit dans l'enclos des Quinze-Vingts, soit parmi les externes pensionnés, des individus que leurs revenus propres, ou le produit de leur travail, mettent au-dessus du besoin ; — 9° que les administrateurs actuels rendraient, sous huitaine, compte de leur gestion au département de Paris, ou à ceux de ses membres qu'il voudraient déléguer. Ce compte, arrêté par ledit département, serait envoyé au ministre de

___

(1) Je passe sous silence, pour abréger ce récit, beaucoup d'autres faits de cette époque.

l'intérieur, pour être communiqué à la Convention ; — 10° qu'immédiatement après sa formation, la nouvelle administration ferait procéder : 1° à la levée des scellés apposés sur les papiers de la maison des Quinze-Vingts, conformément au décret du 31 janvier dernier ; 2° à l'inventaire d'iceux, en présence de deux commissaires du département de Paris. Les fonds appartenant audit hôpital, déposés à la trésorerie nationale, en vertu du même décret, lesquels n'en auraient pas été retirés d'après des décrets postérieurs, seraient incessamment replacés dans la caisse dudit hôpital.

On voit que les Quinze-Vingts étaient, aux yeux de la Convention, un établissement à part, qui ne devait pas être compris parmi les hôpitaux, et dont on ne pouvait néanmoins s'occuper utilement qu'après l'organisation générale de ces derniers. En attendant, on laissait à tous les membres qui ne s'y plaisaient pas la faculté d'en sortir, et on leur en facilitait le moyen.

F. Les choix du département ne tardèrent pas d'être connus. Le 2 août 1793, il nomma les quatre administrateurs et le caissier, qui furent installés le lendemain. Les jurés furent désignés au scrutin. Le nom de *chapitre* fut changé en celui d'*administration*. Celle-ci, chargée de la direction intérieure, sous la surveillance du département, s'en acquitta avec beaucoup de zèle. Le décret de la Convention ne supprimait ni le maître ni le ministre, qu'elle entendait évidemment conserver, en les soumettant à l'élection capitulaire. Mais l'administration, qui ne voulait plus des deux personnes investies de ces emplois, n'ayant pu venir à bout de s'en débarrasser légalement, employa la voie de l'arbitraire (27 août 1793). Par la suppression de la place du maître, la maison des Quinze-Vingts se trouva privée de supérieur résidant dans l'enclos, et cela, au moment où son action devenait indispensable ; mais, bien qu'on ne pût pas ne pas s'en apercevoir, et qu'on dût ne pas différer longtemps de remédier à cet état des choses, celui-ci dura au moins jusqu'au 15 juillet 1794. Les employés signèrent à la séance de ce jour ; toutefois, le procès-verbal du 20 du même mois porte : « ont seulement les jurés signé, attendu le décès des quatre administrateurs. » Dans ce court intervalle, cette commission fit, avec le chapitre, plusieurs règlements utiles (1). Elle tint ses séances publiquement. Tous

(1) Ainsi, elle conserva, aux femmes devenues veuves après cinq ans de mariage, le secours de soixante centimes que leur avait accordé le cardinal de Rohan, et porta à un franc cinquante centimes par jour le prêt fait à quelques membres. Elle réintégra plusieurs Aveugles qui avaient été expulsés par les administrations précédentes. Elle s'occupa du logement à donner aux membres célibataires, aux ménages avec ou sans enfants ; et ce qu'elle régla à cet égard, s'observe encore aujourd'hui.

les Aveugles avaient le droit d'y assister, quoiqu'ils ne dussent pas prendre part aux délibérations. Entendant ce qui s'y disait, ils connaissaient ce qui devait être mis en question, et pouvaient en causer avant la tenue de la réunion prochaine; ce qui ne pouvait qu'éclairer le chapitre relativement aux besoins de la communauté. Il fut enjoint aux Aveugles de se tenir à leur place modestement et sans bruit, sous peine d'expulsion de la salle. On leur permit de présenter, à la séance suivante, leurs observations par écrit (24 août 1793). Bientôt on fut obligé d'interdire aux femmes mariées de se rendre à ces réunions administratives.

G. Le 16 novembre 1793, fut établie aux Quinze-Vingts et substituée au culte, une société fraternelle dont les membres n'avaient d'autre but que de s'instruire par des cours de morale. Il est aisé de reconnaître là le *culte théophilanthropique* que le citoyen Chemin inventa un peu plus tard, et qui fit son premier exercice public, le 15 janvier 1797. L'administration donna à cette société un règlement en cinq articles, portant : 1° qu'avant la lecture, on chanterait le couplet *Amour sacré de la patrie*, et que la veille du décadi, on lirait les *Droits de l'homme et du citoyen*; 2° que l'on ne serait admis dans la société que moyennant une rétribution; 3° qu'on en renverrait, après les avoir censurés, ceux qui y troubleraient l'ordre; 4° que la société aurait une bibliothèque et un trésor; 5° qu'elle aurait pareillement un registre pour y inscrire les délibérations.

H. Après avoir longtemps hésité si l'on devait assimiler les Quinze-Vingts aux autres œuvres de bienfaisance et les soumettre aux mêmes règlements, on finit par comprendre qu'ils n'étaient pas un établissement communal ou départemental. Par arrêté du 22 décembre 1796, le Directoire exécutif mit, provisoirement et jusqu'à ce que le Corps législatif eût statué sur elle, la maison nationale des Quinze-Vingts sous la surveillance immédiate et la direction du ministre de l'intérieur. Il est à présumer que c'est le ministre lui-même qui, aux services déjà rendus aux Aveugles des Quinze-Vingts, avait ajouté celui de demander qu'ils lui fussent remis; ce qui me donne lieu de le penser, c'est qu'en recevant communication de cette disposition, dans la séance du 8 janvier 1797, l'administration écrivit une lettre de remerciment. Du reste, elle continua de nommer aux places vacantes et d'accomplir tous les autres actes administratifs. Cet arrêté fixait le prêt sous le nom de *secours alimentaire*, et réglait le sort de tous les membres de la maison de la manière qui suit. Il mettait la dépense des Quinze-Vingts à la charge

du trésor public, sur le budjet du ministère de l'intérieur. C'était un
bienfait; mais de propriétaire assez riche qu'il était pour suffire à ses
dépenses, l'établissement descendait à une condition inférieure, se trouvant admis à l'assistance publique, et l'Etat refusant d'entrer en compte
avec lui et de régler ce qui lui appartenait. On put croire alors que,
mettre les Quinze-Vingts à la charge du Trésor, était la même chose
à peu près que de leur faire servir par celui-ci la rente de l'argent que
le Trésor avait reçu pour eux; c'était là une grave erreur. Il est aisé
de s'en apercevoir aujourd'hui; mais il est moins facile d'y porter
remède.

I. Le 24 juin 1797, le Directoire exécutif forma une nouvelle administration des Quinze-Vingts, composée d'un *agent général* (sous les ordres
du ministre de l'intérieur), assisté de quatre jurés chargés de la police
de la maison, et d'un caissier qui lui rendait ses comptes. Il fut alloué
à l'agent général un traitement de 4000 francs, à son caissier 3000,
à leurs commis 12000, indépendamment du logement. On ne pouvait
pas, sous le régime républicain, détruire complétement le gouvernement
démocratique établi par Louis IX. Il fut décidé qu'il y aurait des assemblées périodiques, indiquées par le ministre, auxquelles les Aveugles pourraient être présents. La maison était ouverte aux aveugles de tous les
départements. Le ministre nommait à toutes les places d'Aveugles et d'employés, et retirait les brevets, quand il le jugeait convenable. Le système administratif pur se trouva ainsi substitué au système administratif mixte, dont il ne resta plus que de légers vestiges. C'était la conséquence inévitable de la transformation subie par toutes les institutions
de bienfaisance publique, lesquelles étaient passées à l'état d'asiles ouverts
par l'autorité à l'infortune. Ce nouveau mode d'administration n'a pas
cessé, depuis lors, d'exister aux Quinze-Vingts, sous différentes formes,
ainsi qu'on le verra ci-après. Il est évident que le mode ancien était
plus favorable aux Aveugles, et pourvoyait, avec plus d'intelligence, à
leurs nécessités; mais il n'est conciliable qu'avec le sentiment d'association perpétuelle de secours mutuels, qui a présidé à la fondation et
à l'organisation du bel établissement dont il s'agit. Le mode récent avait
l'inconvénient de confier la direction des Quinze-Vingts à un seul chef
étranger à leurs habitudes, ne connaissant qu'imparfaitement leurs besoins,
et n'étant, en définitive, que l'instrument d'un esprit moins éclairé que le
leur sur ce point, c'est-à-dire d'un bureau ministériel dans lequel la bienveillance n'avait que la théorie pour guide, lorsqu'il en prenait un. En
effet, on ne tarda pas à s'apercevoir qu'il fallait surveiller l'administration émanée des bureaux du ministère. En voulant réparer une faute,

on en commit une autre, par l'arrêté ministériel du 7 octobre 1800, en vertu duquel l'administration des Quinze-Vingts fut placée sous la surveillance de celle de l'institut des Sourds-Muets (1). On conserva un agent général (présenté par la commission et nommé par le ministre), ayant sous ses ordres un caissier présenté par lui et nommé par la commission, lequel serait tenu de fournir un cautionnement de 20000 francs en immeubles libres de toute hypothèque. Ce caissier, simple commis de l'agent général, était révocable au gré de l'ordonnateur des dépenses ; ce qui n'offrait aucune garantie de bonne gestion. On supprima les quatre jurés, ou du moins ils ne furent point compris dans ce remaniement. On donna à l'administration, ainsi investie d'une surveillance complétement étrangère à ses habitudes, moins de trente-cinq jours pour proposer au ministre un plan détaillé sur le régime intérieur et économique des Quinze-Vingts, d'après un arrêté réglementaire qui avait été pris par le ministre, le 13 juin 1800.

J. L'administration préposée aux Quinze-Vingts se composait, de cinq membres prenant le titre d'*administrateurs*. Elle statua, le 22 novembre 1800, qu'elle se réunirait le décadi de chaque décade. Le même jour, elle ordonna au chirurgien de la maison de visiter de nouveau les Aveugles. Elle s'abonna au *Journal de Paris* et au *Journal des Débats*, le 13 décembre 1800. Le travail le plus remarquable de cette administration, dont les bonnes intentions n'étaient pas douteuses, est un rapport du 12 janvier 1801, qui fourmille de bévues, et où l'on parle avec dédain de la lettre de S. Louis, parce qu'elle n'est ni signée ni enregistrée, et où l'on pense que le paiement des veuves, des femmes et des enfants non membres est un abus. On y propose à l'adoption du ministre un projet d'arrêté portant que la rue de Charenton prendra le nom de l'hospice des Aveugles ; que tous les Aveugles de l'un et de l'autre sexe, à la charge de l'Etat, seront réunis dans cet établissement ; qu'il faudra, pour y être reçu, être atteint d'une cécité complète, présenté par l'administration et nommé par le ministre ; que chaque Aveugle admis apportera son lit et un trousseau formé d'au moins 3 chemises, 3 mouchoirs, 3 paires de bas, 2 paires de souliers, 3 paires de draps ; que les Aveugles vivront en commun ; qu'ils seront nourris, vêtus, chauffés, entretenus, et recevront 5 centimes à titre de prêt ; qu'ils ne pourront se marier sans l'autorisation de l'administration ; que les personnes étrangères à l'établissement ne pourront ni habiter avec les Aveugles qu'ils auront épousés,

(1) Les Sourds-Muets et les Jeunes-Aveugles étaient réunis dans le même établissement ; mais comme on eut l'idée de les placer tous aux Quinze-Vingts, ceux-ci se trouvèrent sous a surveillance de l'administration des deux autres institutions.

ni coucher dans l'hospice ; que les veufs et veuves, actuellement habitants
de la maison, seront tenus d'en sortir à la première sommation ; qu'à
l'avenir nulle rétribution ne sera accordée aux enfants ; qu'ils seront mis
en apprentissage à l'âge de sept ans ; que des ateliers seront établis
dans l'hospice ; que le produit du travail appartiendra par moitié aux
Aveugles-travailleurs ; que nul ne sortira de la maison, sans une permission, qui sera réduite à un certain nombre d'heures, et sans être
accompagné d'un conducteur qu'on lui donnera ; qu'il n'y aura d'ouverte que la porte qui est sur la rue Charenton ; que toutes les contra-
ventions seront punies ; que le trésorier national versera dans la caisse de
la maison 600 francs pour chaque Aveugle ; que l'administration sera
chargée du régime de l'hospice ; qu'à cette administration seront attachés un agent général, un caissier, un secrétaire, un commis aux écritures, un architecte, un officier de santé et un garçon de bureau.

Pour l'exécution de ce projet, on aurait établi une cuisine, 45 réfectoi-
res, autant de dortoirs, etc., c'est-à-dire, on aurait remanié toutes les
constructions ; ce qui aurait occasionné d'abord des déboursés très-considérables. On voit que la dépense pour chaque Aveugle, non compris les
frais d'administration et d'entretien, avait été évaluée à 600 francs. A ce
prix, l'Aveugle marié se trouvait séparé de sa femme et de ses enfants,
qu'il laissait mourir de faim, tandis qu'avec la même somme, et même
une somme moindre, on nourrissait les enfants et les conjoints. L'administration comptait tellement sur l'adoption de son projet de décret,
qu'elle arrêta, le 1er février 1801, qu'en attendant, aucun conjoint d'Aveugle non déjà établi dans la maison, n'y serait reçu. Elle ne s'entendait, pas
mieux que le ministère, à réglementer un établissement qu'on ne peut
comparer à aucun autre ; mais elle opérait plus paternellement, ainsi que
cela devait être. Elle en donna une preuve dans les circonstances suivantes : elle avait condamné un Aveugle à trois jours de prison, pour mauvais
propos et excès. Celui-ci en appela au ministre qui, trouvant la peine trop
légère, l'expulsa, ordonnant qu'il serait conduit, de brigade en brigade,
par la gendarmerie, jusque chez lui où il resterait sous la surveillance de
la Patrie, et que cet ordre serait affiché. L'administration réclama contre
cette sévérité, mais inutilement. Le 31 octobre 1804, cet Aveugle ayant
demandé de toucher la pension d'externe, elle écrivit en sa faveur au
ministre.

K. Le ministre de l'intérieur, par un réglement de discipline, du 13
juin 1800, défend aux Aveugles des Quinze-Vingts de mendier, sous peine

de quinze francs de retenue (1), fixe l'ouverture de la porte à cinq heures en été, à six en hiver, et la fermeture à neuf heures en hiver, à onze en été. L'arrêté ministériel, du 7 octobre 1800, après avoir ordonné la réunion des Jeunes Aveugles, ou Aveugles-travailleurs, à ceux des Quinze-Vingts, prescrit à l'administration les mesures nécessaires pour admettre, à l'hospice de ces derniers et aux droits dont ils y jouissent, les aveugles venus d'Egypte, actuellement placés à l'hôtel national des Invalides. Il est surprenant qu'on ait abandonné depuis cette bonne idée de réunir, dans le même local, tous les Aveugles assistés par l'Etat. Quant à l'institution des Jeunes-Aveugles, elle avait, selon l'expression d'un de ses administrateurs, partagé les désastres de la Révolution; elle était devenue sans consistance, et languissait, comme tant d'autres, dans le désordre, lorsque le premier Consul, voyant son utilité et sa détresse, la rattacha à l'établissement des Quinze-Vingts (2). Elle eut tant de peine à se rétablir, et l'on parvint tellement peu à mettre ses élèves en état de suffire un jour à leurs besoins par le travail, que la première distribution solennelle des prix ne put avoir lieu que le 30 août 1806 (3).

L. Sous cette administration, les Jeunes-Aveugles, ou, pour mieux dire, ceux qui les régissaient se plaignaient de n'avoir pas assez de liberté, et les Aveugles des Quinze-Vingts trouvaient peut-être avec raison que l'administration avait moins à cœur leurs propres intérêts que ceux de l'institut des Jeunes-Aveugles. Il y avait donc mécontentement de part et d'autre; mais il ne fallait pas songer à la séparation, bien qu'elle fût désirée des deux côtés.

Ce fut un événement remarquable pour le quartier, que la visite du pape Pie VII, qui, le 28 février 1805, vint aux Quinze-Vingts, accompagné de sept cardinaux, de plusieurs évêques et d'un grand nombre de personnages de distinction. Cinq jours après (le 5 mars), un Aveugle, ayant percé une bûche et l'ayant remplie de poudre, dans le but de faire sauter le poêle d'un de ses confrères et de tuer celui-ci ainsi que les autres habitants de son logis, fut traduit immédiatement en justice, condamné à mort et exécuté en place de Grève.

Dans le courant de 1806, on ouvrit deux écoles, l'une pour les garçons, l'autre pour les filles, établies toutes les deux dans l'enceinte de l'hospice. Il était affligeant de voir privée de toute instruction cette multitude d'en-

---

(1) En exécution de ce règlement, trente-un Aveugles, convaincus de s'être livrés à la mendicité, subirent, le 20 février 1808, une retenue, dont la somme totale s'éleva à 153 francs, qui furent versés dans la caisse de l'établissement.

(2) Brousse-Desfaucherets, 30 août 1806.

(3) Ibidem.

fants. Le 30 août de la même année, on distribua, pour la première fois,
des médailles de récompense, décernées, par le réglement du 23, aux
enfants aveugles qui se distingueraient par leur bonne conduite et par des
succès dans leurs études. A cette séance, l'administration remit aussi une
médaille à Jean-Baptiste Paingeon, qui avait obtenu le second prix de ma-
thématiques transcendantes au concours général des lycées, et le premier
prix de la même classe au collége Charlemagne.

M. A part de rares exceptions, les Aveugles, depuis longtemps, ne laissent guère, en mourant, que leur modeste mobilier recueilli en entier par
l'administration quand il ne reste pas un conjoint ou des enfants, et par
moitié, dans le cas contraire. Les administrateurs avaient perdu l'habitude
de s'occuper des affaires religieuses. Les héritiers recueillaient trop peu pour
qu'il leur fût possible de faire les frais d'un service funèbre convenable.
Souvent les Aveugles n'ont à Paris personne qui s'intéresse à eux, au point
de faire prier pour leur âme, après leur mort. Dans cet état des choses,
plusieurs d'entre eux, des plus pieux, ou, du moins, des plus portés à se
ménager des obsèques chrétiennes, eurent la pensée de s'associer à l'effet
de procurer à leurs dépouilles mortelles un service religieux. L'administration qui, en ce sens, aurait dû, de quelque façon, prendre une charitable initiative, se contenta d'approuver et de permettre ce projet. Les
membres de cette espèce de confrérie, s'étant réunis pour la première fois,
le 20 juillet 1802, arrêtèrent que tout confrère qui aurait versé au moins
60 centimes le jour de son inscription, et verserait annuellement 2 francs
jusqu'au jour de son décès, aurait, dans la chapelle servant de paroisse,
un service chanté et deux messes basses, aux frais de l'association. Cela
se maintint de cette manière pendant près de huit ans. Le 12 janvier 1810,
l'association fit un réglement portant qu'elle prenait S. Louis pour patron ;
que le jour de la fête de ce saint, elle ferait présenter le pain bénit par
une de ses associées aveugles, laquelle choisirait elle-même une quêteuse
parmi les voyantes, et soumettrait son choix à l'approbation de l'agent de
l'établissement, qui était le président de l'association ; que celle-ci aurait
un trésorier perpétuel, et quatre syndics élus pour quatre ans, et renouvelés ou réélus tous les ans par moitié, exerçant gratuitement, ainsi que
le trésorier ; qu'il y aurait une caisse fermée à deux clefs, dans laquelle
on mettrait l'argent de l'association, le nom des dames ou demoiselles
appelées par la voie du sort à rendre le pain bénit ; que la caisse serait
confiée à la garde du trésorier, et les deux clefs aux syndics qui feraient
leur seconde année ; que les syndics s'informeraient du jour et de l'heure
du convoi, arrêteraient la célébration de l'inhumation et des deux messes
basses, et en acquitteraient les frais réglés à 19 fr. 50 c. ; que les associés

seraient invités, deux fois par an, la première au commencement de janvier, et la seconde au commencement de juillet, à vérifier les comptes du trésorier, et à s'occuper, quand il y aurait lieu, des affaires de l'association; mais que, lorsqu'il s'agirait d'une modification quelconque du règlement, on ne pourrait en délibérer que six mois après que la proposition en aurait été faite; que, pour être associé, il faudrait habiter dans la maison, payer 60 centimes le jour de l'inscription, et 2 francs par an; que ceux qui discontinueraient leur prestation mensuelle, seraient, par ce fait seul, déchus de tous leurs droits; qu'annuellement, le premier jour libre après l'octave de S. Louis, on ferait célébrer un service solennel pour le repos de l'âme des confrères décédés.

Après le rétablissement de la chapelle, cette association aurait dû être inutile; mais, comme la maison ne chargea le clergé que de l'enterrement des membres aveugles, les voyants furent intéressés à la conserver, et plusieurs Aveugles eux-mêmes ne cessèrent point d'en faire partie, afin d'avoir droit aux prières qu'elle faisait faire pour les défunts. Le grand-aumônier approuva cette association, le chefcier en devint le président, et la prestation annuelle fut abaissée à un franc vingt centimes, payables par douzième chaque mois. En même temps, les frais du service solennel ordinaire ne furent plus que de onze francs cinquante centimes, et ceux du service général furent fixés à vingt francs. La dépense du pain bénit était de trente-six francs, dont quinze pour trois cents brioches à cinq centimes.

Cette association prospérait; elle avait en caisse 377 fr. 30 c. en janvier 1819, et 650 fr. en 1831. Elle profita des changements qui venaient d'être opérés dans le personnel de la chapelle, pour s'affranchir de la tutelle que la loi donne à toutes les associations ecclésiastiques. Elle se réunit (sans prévenir le chapelain sous prétexte qu'il n'était pas membre), et elle se choisit dans son sein, un président et un vice-président. Le chapelain ferma les yeux et laissa faire. Un grand nombre d'associés se retirèrent. L'argent en caisse disparaissait rapidement, au point que, le 8 août 1833, il n'y avait plus que 350 francs. Le curé de la paroisse Saint-Antoine, qui ne négligeait rien de ce qui pouvait lui donner entrée dans l'établissement, demanda à être reçu de l'association, ce qui aurait impliqué sa reconnaissance comme membre ecclésiastique de la maison. Une assemblée extraordinaire fut convoquée, le 7 septembre 1833, pour en délibérer. J'ignore ce qui s'y passa; mais un confrère ayant proposé d'admettre le chapelain qui ne se présentait pas, sa motion fut accueillie par tous les assistants qui votèrent à l'unanimité l'inscription de leur chapelain, auquel ils firent connaître cette détermination, ainsi que de la démission du président. La conduite du curé eut pour effet de faire rentrer dans l'ordre les membres de l'association. Son admission avait été ajournée, parce qu'elle parut formellement contraire aux règlements, dont la révision fut demandée et décidée. Celle-ci eut lieu ; mais l'article qui excluait les personnes non domiciliées dans l'hospice fut maintenu, et n'a été modifié qu'après la mort du curé. Depuis lors, l'association a repris sa prospérité. Elle possède aujourd'hui une rente, et elle a pu porter à six le nombre des messes qu'elle fait célébrer pour les frères défunts, savoir : 1° une messe solennelle et deux messes basses, le jour des funérailles, ou celui qui en est le plus proche ; 2° une le neuvième jour ; 3° une le trentième, et 4° une lors du premier anniversaire. En outre, le service général se fait maintenant pour tous les associés qui meurent dans l'intervalle d'un service à l'autre, et pour tous les autres associés décédés (1).

(1) Une semblable association ne pourrait-elle pas être établie dans toutes les paroisses ?

CHAPITRE V (1814-1830).

A. Il ne paraît pas que, sous le premier empire, la grande-aumône-rie ait eu, un seul instant, l'idée de revendiquer ses droits sur l'éta-blissement ; ce que je ne puis m'expliquer qu'en pensant que les Quinze-Vingts étaient effacés par l'institut impérial des Jeunes-Aveugles, auquel ils avaient été subordonnés et qui les avait fait oublier. Après le retour des Bourbons, un des premiers actes du grand-aumônier de France fut de venir prendre possession, le 9 décembre 1814, de l'une de ses char-ges les plus conformes à l'esprit du christianisme, celle d'assister, au nom du souverain et pour lui, les infortunés frappés de cécité. Il conserva les administrateurs, auxquels il rendit le nom de *gouverneurs-administra-teurs*. Il changea le titre d'agent-général en celui de *directeur-général*, adoptant ainsi, sans trop savoir pourquoi, une innovation introduite par le cardinal de Rohan. Il ne rétablit point les jurés qu'avait supprimés le ministre de l'intérieur. L'administration reconnue par lui se trouva com-posée exclusivement des gouverneurs-administrateurs et du directeur-général. Elle resta donc complétement étrangère à la maison qui, en cette circonstance, ne recouvra aucun des droits administratifs dont elle avait été investie par son fondateur, et dont elle avait joui sous diffé-rentes formes jusqu'en 1795. Dans la séance qui eut lieu en présence du grand- aumônier, elle décida qu'elle continuerait à se réunir tous les quinze jours, le vendredi. Le grand-aumônier annonça à l'adminis-tration, qu'en attendant la régularisation de la dette de cinq millions, le roi avait ordonné que l'intérêt (250000 francs) en fût servi par sa liste civile. Lorsque les gouverneurs-administrateurs présentés par le grand-aumônier vinrent remercier le roi, le 23 décembre, Sa Majesté leur répondit que c'était avec la plus vive satisfaction qu'il avait relevé cet antique monument dû à la piété de ses plus illustres ancêtres, ajou-tant que les pauvres pourraient toujours compter sur ses soins les plus

tendres et les plus empressés (1). Quoique nommés dès le 9 décembre
1814, les nouveaux gouverneurs-administrateurs ne reçurent leurs lettres
de provision que le 29 du même mois. Elles sont adressées au directeur-général, au secrétaire-général, au trésorier et aux membres de l'hôpital. Le grand-aumônier dit, dans celles du vicomte de M***, qu'il lui
appartient, *à cause de son état et place, de nommer et choisir* les personnes propres au gouvernement et à la direction de cet hôpital. En
conséquence, ayant pour agréables les soins que le dit vicomte a consacrés, pendant l'absence du grand-aumônier, aux affaires de celui-ci,
il lui donne ses provisions. Je ne trouve nullement étrange que le
grand-aumônier de France se soit considéré comme n'ayant jamais été
dépouillé de la surveillance et de l'administration des Quinze-Vingts;
mais ce n'est point *à cause de son état et place* qu'il délivrait des provisions; c'était en vertu des lois et statuts qui lui en accordaient la faculté.
Ensuite, il lui appartenait, à la vérité, de donner des lettres de provision, mais non de *choisir et de nommer*. Probablement, le gouverne
ment ne partagea pas la manière de voir de ce haut dignitaire de
l'Eglise relativement aux droits de ce dernier; car, le 8 février 1815,
une ordonnance du roi déclara que l'hôpital royal des Quinze-Vingts
était définitivement replacé sous l'autorité du grand-aumônier.

B. Un nouveau règlement devenait nécessaire pour plusieurs raisons,
notamment parce que l'administration de la maison était constituée tout
autrement qu'auparavant. Le grand-aumônier qui le donna, le 17 février
1815, après en avoir délibéré avec les gouverneurs-administrateurs, déclare
avoir considéré comme un devoir de faire jouir chaque Aveugle, avec le
plus d'efficacité et d'étendue possibles, des bienfaits du roi. Par ce règlement, le traitement alloué aux membres de l'établissement est de un
franc par jour pour les Aveugles veufs et les non mariés, de un franc
trente centimes pour les Aveugles mariés, de quinze centimes pour chacun des enfants légitimes d'Aveugles jusqu'à l'époque de leur apprentissage, de cinquante centimes pour les veufs et les veuves d'Aveugles
qui auront résidé aux Quinze-Vingts pendant les cinq dernières années de
leur mariage. Le prêt des veufs, veuves et enfants est payé intégralement
en argent, et celui des Aveugles est soumis à diverses retenues destinées à payer· les fournitures de vêtements, de pain et de bois, et
à couvrir, au moins en partie, les frais de l'infirmerie, si l'Aveugle
s'y rend, y entre ou y est envoyé par le conseil d'administration. Il
est établi des *soupes économiques* dans l'hôpital pour ceux qui vou-

(1) *Moniteur*, du 24 décembre 1814.

dront en profiter. Chaque année, une somme de 6000 francs sera portée sur le budget pour être distribuée en secours, s'il y a lieu, aux Aveugles résidants qui, sur le rapport du directeur, en seront jugés dignes, ainsi qu'aux femmes en couches et aux enfants qui feront leur première communion. Une somme de 120 francs est affectée à l'apprentissage des enfants. Le traitement annuel des membres résidant en province est fixé à 233 francs, et, pour la commodité des Aveugles, il est prescrit que, dans les distributions à faire du local disponible, il soit réservé une salle dans laquelle ils puissent se réunir durant le jour, et qu'elle soit chauffée en hiver. Sur le prêt journalier, il sera retenu deux sols par jour, pour donner un supplément de six francs à la fin de chaque trimestre, et de dix-huit francs à la fin du quatrième. Toutes ces dispositions réglementaires, empreintes d'un esprit de bienveillance, ont été modifiées en quelques point ; mais, quant au fond, elles sont restées en vigueur jusqu'à présent. En 1797, ceux qui administraient l'établissement avaient essayé de substituer, aux attributions pécuniaires, les distributions en nature. Le grand-aumônier déclare avoir pesé les avantages et les inconvénients des unes et des autres, et c'est après cet examen qu'il donne la distribution en argent, pour base à son régime qu'il qualifie d'économique.

c. Jusqu'à la révolution de 1789, les frères et sœurs avaient eu un habit spécial, qu'aucune autre corporation n'aurait pu s'approprier. L'abolition des corporations laïques et régulières fit disparaître cette distinction si naturelle. Elle n'avait pas été reprise ; on n'y avait pas songé. Le règlement du 17 février 1813 la fit revivre : c'était la conséquence de la mesure, adoptée par l'administration, de fournir elle-même les habits. Sa sollicitude paternelle lui fit faire une chose, bonne mais peu convenable : elle fit fabriquer du drap couleur de la bête, c'est-à-dire, d'un gris provenant d'un mélange de laine noire et de laine blanche, ce qui assurait la solidité du teint et la durée de l'habit, aucune teinture ne pouvant ainsi en détériorer le tissu. Elle adopta la forme la plus large ; la redingote des hommes descendait très-bas. Ces vues étaient excellentes ; mais le costume qui, du temps de nos pères, aurait passé pour très-décent, paraissait à plusieurs ce qu'il était en réalité, la livrée du pauvre, de sorte qu'ils se trouvaient humiliés d'être obligés de le porter. Les boutons, marqués d'une fleur de lis, ne trouvèrent pas grâce : on les regarda, comme l'habit, avec dédain, et l'une des premières choses que l'on demanda en 1830, ce fut d'être débarrassé de cette livrée ; ce que l'on obtint aisément, la forme étant devenue presque ridicule à cause du changement des modes et du perfectionnement de la coupe. Bien que l'intention de l'administration ait été d'accorder un habillement complet, on interpréta tout autrement l'article du règlement, et l'on ne fournit aux hommes que la redingote, le gilet et les panta_ lons, et aux femmes que la robe. En ordonnant que la première distribution fût faite le 1er avril suivant, et la seconde deux ans après, le règlement économique a voulu que la fourniture fût avancée par la maison, qui couvre ensuite ses frais sur la retenue qu'elle fait pendant les deux années qui suivent. Le décompte ne peut donc être réglé, s'il y a lieu, qu'après ce laps de temps.

D. Le prêt redevient ce qu'il était, et ce qu'il est nécessaire qu'il soit, tant que l'établissement conservera quelque reste de son organisation essentiellement favorable aux Aveugles, et telle qu'il la faut pour pouvoir réparer convenablement les torts que cause d'ordinaire la perte de la vue chez les personnes majeures et le plus souvent mariées. On le régla en argent; mais on ne le paya qu'après avoir pris des précautions pour garantir à tous le vêtement, le pain et le chauffage. Ce dernier secours a été abandonné, sans que l'on puisse dire pourquoi, ou plutôt parce que l'on s'est aperçu que, dans le faubourg, les Aveugles pouvaient trouver un chauffage plus économique que celui dont les pourvoyait l'administration et que plusieurs d'entre eux pouvaient passer leur hiver avec une quantité de bois moindre que celle qui leur était fournie. On a abandonné aussi la distribution de pain, faite en vue du membre voyant. Le traitement ou prêt, alloué aux Aveugles, est payable quotidiennement et soldé à la fin de chaque mois. On a supposé mal à propos que l'Aveugle admis avait de quoi meubler sa chambre et vivre pendant un mois. La situation de l'indigent donnerait lieu de penser le contraire. Il aurait donc été plus conforme à l'esprit des statuts de payer d'avance, et on l'aurait fait sans doute, si l'on ne s'était pas réservé d'accorder un secours à celui qui arriverait dans un état de dénument tel, qu'il n'aurait pas de quoi se meubler ni se sustenter pendant un mois. Ceux-là ont la ressource de passer trois mois à l'infirmerie et d'économiser de cette façon, sur leur prêt journalier, quarante à cinquante francs, somme suffisante pour se nourrir chez eux pendant un mois, et se procurer les objets de première nécessité, le pain et le vêtement leur étant d'ailleurs assurés au moyen des retenues qui leur sont faites, et l'habit leur étant maintenant fourni d'avance. Le règlement accorde le prêt du ménage à l'Aveugle seul. Cet article fut modifié par l'usage. On s'aperçut que, dans certains cas, il était nécessaire que l'aveugle sût que le surcroît de trente centimes était une attribution faite au conjoint. Les fournitures en nature ont été taxées au prix moyen. Le règlement veut que l'Aveugle profite de la baisse, et que la hausse soit à la charge de l'établissement. Ceci ôte tout prétexte de murmurer, et principalement tout motif d'accuser l'administration de faire ces fournitures au profit de la caisse ; ce qui aurait pour effet de les rendre odieuses, et pourrait un jour ou l'autre en amener la suppression. Une retenue de prévoyance est aussi prescrite. On y a renoncé, non qu'elle ne fût sagement prévue, mais parce qu'il est très-rare que, dans l'établissement, il y ait des individus qui aient besoin que l'on porte pour eux l'attention aussi loin.

E. L'hospice a toujours servi de tuteur aux enfants de l'Aveugle, et n'a jamais négligé de leur donner le moyen de gagner leur vie. Il fut réglé, de bonne heure, que, dès l'âge de sept ans, on les placerait en service, ou qu'on leur ferait apprendre un métier. Il n'était pas possible alors de faire mieux. Après la vente de l'enclos, le chapitre vota la somme de 120 francs pour couvrir les frais d'apprentissage, somme alors suffisante et même surabondante (1). Le père et la mère devaient faire leur demande à ce sujet, en indiquant l'âge de leur enfant, le métier auquel ils le destinaient, et le chiffre des frais que pourrait entraîner l'apprentissage. Le marché devait être passé entre les parents et le maître, en présence d'un officier de l'administration désigné chaque fois par le chapitre. Si la dépense de l'apprentissage n'allait pas à 120 francs, l'officier devait veiller à ce que le surplus fût employé en acquisition d'outils ou de vêtements pour l'enfant, selon qu'il était jugé plus convenable par le maître d'apprentissage, conjointement avec les parents. Lorsque la dépense dépassait 120 francs, les parents étaient tenus de remettre aussitôt entre les mains de l'officier ce qui manquait pour parfaire la somme nécessaire, afin que l'établissement ne se trouvât point dans la nécessité de la payer, sauf néanmoins le cas où le chapitre aurait décidé de la mettre à sa charge. L'officier qui avait été présent à la passation du marché était obligé de rendre compte au chapitre de tout ce qui avait été fait à l'endroit de l'apprentissage. Ce règlement, observé jusqu'à ce jour, a subi plusieurs modifications. Ainsi, ce ne sont plus les parents qui passent le brevet, c'est le directeur-général de la maison. L'usage est de mettre les enfants en apprentissage après leur première communion. Les 120 francs sont regardés comme un secours octroyé aux parents, et payé au maître.

F. Sous l'administration du ministre de l'intérieur, les quelques membres voyants qui étaient restés dans la maison disparurent et furent rem-

(1) Délibérat. capitulaire, du 5 octobre 1785.

placés, dans leurs fonctions, par des employés qui nécessairement coû-
tèrent plus cher et ne firent pas mieux. Au contraire, étrangers à l'établissement auquel ils ne tenaient que par leurs gages, ils cherchèrent
à tirer de leur position le parti le plus avantageux, et ne rendirent
aux Aveugles des services qu'à prix d'argent; abus plus déplorable dans
une œuvre de bienfaisance que dans une autre. Les veufs et veuves
d'Aveugles furent considérés comme des infortunés qu'un sentiment de
commisération portait à assister, et que l'on ne conservait dans l'hôpital
qu'autant qu'ils n'étaient ni gênants ni importuns. Le secours de cinquante centimes par jour dont on les avait gratifiés après cinq ans d'union,
fut, aux termes du règlement économique, exclusivement réservé à ceux
qui auraient passé ces cinq années dans l'établissement, et immédiatement avant la mort de l'Aveugle. Ce même règlement ordonne qu'ils
quittent l'hôpital trois mois après que l'Aveugle est décédé. On ne l'a
pas exécuté en ce point, et l'on a bien fait, parce que, en thèse géné-
rable, il n'est pas exécutable. La plupart de ces veufs et veuves sont
vieux et infirmes, et n'ont, à Paris, ni amis ni parents. Où iraient-ils
après avoir vieilli aux Quinze-Vingts? que deviendraient-ils? Ceux qui
sont encore jeunes ont souvent des enfants en bas âge, dont l'administration est naturellement la tutrice. Plusieurs font à un prix très-modéré
le ménage des Aveugles. C'est à quoi s'emploient un certain nombre
de femmes d'Aveugles; et, malgré cela, on est obligé de laisser entrer
des femmes étrangères qui, non-seulement exigent un salaire plus élevé
et font ainsi augmenter celui des femmes qui habitent la maison, mais
encore peuvent être d'une moralité suspecte, et tromper les Aveugles
impunément.

G. Lorsque les Aveugles vivaient du produit de leurs quêtes, il leur
était avantageux d'avoir, dans les provinces, des frères collecteurs auxquels
ils accordaient une remise sur les perceptions, ou auxquels ils affermaient
celles-ci. A l'époque de la suppression des quêtes, on retira à ces collecteurs leur office. Ils perdirent alors la meilleure portion de leur revenu.
On ne pouvait pas les contraindre de renoncer à leur pays, sous peine
de perdre la fraternité. On les laissa chez eux. Plusieurs avaient, pendant les mauvais jours de la révolution, obtenu la permission de se retirer
dans leurs familles. Quelques-uns de ceux qui avaient été nommés membres, avaient été, sur leur demande, dispensés de résider dans l'établissement. C'était une espèce de demi-solde. L'administration gagnait à cet
arrangement plus de la moitié; car elle s'exonérait de la charge des
enfants, et de celle du survivant. Elle favorisa l'*externat* ou du moins
l'accorda sans la moindre difficulté; ce qui la mit en état de réaliser,

chaque année, des économies considérables qu'elle fit servir à l'accroissement du nombre des pensions externes.

H. Le règlement économique disposait, pour les secours extraordinaires, d'une somme de 6000 francs. C'était un peu trop de générosité
peut-être. Les Aveugles accablèrent l'administration de demandes, et
se récrièrent contre l'emploi qui avait été fait de ces fonds. On supprima
l'allocation en entier; l'économie était poussée trop loin. Pour parer à cet
inconvénient, le prince de Croï, grand aumônier de France (1), accorda,
sur les aumônes du roi, une somme annuelle de 1200 francs, dont le
directeur distribuait une moitié, et les chapelains l'autre. Cette distribution, bien que non exempte d'abus, était utile. Il faut pouvoir offrir
quelques secours pécuniaires ; seulement, pour se débarrasser des im-
portunités des mendiants, il faut rendre difficiles et la sollicitation de
ces secours, et leur obtention. En supprimant les distributions d'argent
ou les avances, on maintint l'assistance accordée aux pères de famille,
laquelle consistait dans une somme de 25 francs pour payer les frais
d'accouchement, dans une autre de 25 francs pour habiller les enfants
lors de leur première communion, et faire face aux autres dépenses,
et dans une distribution supplémentaire et gratuite de pain. Parmi les
secours extraordinaires conservés, se trouvent ceux octroyés aux malades
et aux infirmes. On continua d'accorder, d'après l'ordonnance du médecin,
tous les médicaments, et les autres soulagements indispensables. Le règlement économique voulait qu'on envoyât à l'infirmerie tous les Aveugles
malades qui en auraient besoin, ce qui eût été d'une exécution impossible. On laissa les Aveugles libres de rester chez eux tant qu'ils
purent y recevoir les soins que réclamait leur état, leur fournissant
gratis les médicaments; mais, pour les déterminer à se rendre volon-
tairement à l'infirmerie, on laissa en vigueur l'article du règlement qui
fixe à 40 centimes la retenue qui leur serait faite durant tout le temps
qu'ils y passeraient. D'après le règlement, il doit y avoir des salles spéciales pour les Aveugles âgés et infirmes qui voudront se retirer à l'infirmerie. Ils devront y être logés, nourris, chauffés et entretenus en commun;
et, de plus, il doit leur être remis quatre francs par mois, allocation
qui fut portée à six francs, lorsqu'on augmenta de vingt centimes le
prêt journalier. Il était nécessaire que, dans certains cas exceptionnels,
on pût placer à l'infirmerie un Aveugle qui n'était pas en état de se
gouverner, et qui pourrait être exposé à périr de besoin. Sur le rapport
du directeur, cette faculté fut accordée par le règlement au conseil

---

(1) C'est ce prélat qui attacha aux Quinze-Vingts, en qualité de chapelain, l'abbé
J.-H.-R. Prompsault, venu à Paris à la fin de 1829.

d'administration. La salle de réunion, chauffée en hiver, n'a pas encore été établie : elle ne serait d'aucun usage. Il suffit aux Aveugles d'avoir une salle de lecture (qui est la salle de paye) et une promenade couverte que leur offrent les corridors. Quant aux soupes économiques, elles ne prirent pas faveur, à cause de la faculté qu'a l'Aveugle de se faire nourrir par qui il veut, et de prendre des aliments là où il en rencontre à meilleur marché.

I. C'est malgré leur administration, que les Jeunes-Aveugles étaient venus aux Quinze-Vingts. Elle ne s'occupa guère que de leurs intérêts pendant leur union avec l'œuvre de S. Louis. C'est à peine s'il est quelquefois fait mention de celle-ci dans les délibérations. Les Jeunes-Aveugles n'avaient pas lieu assurément de se plaindre, mais ils n'étaient pas à leur aise. Ils saisirent donc avec empressement l'occasion de recouvrer leur liberté. Une ordonnance royale, du 8 février 1815, sépara les deux établissements. La séparation, retardée par les événements politiques, ne put être réalisée que le 20 février 1816, jour où les Jeunes-Aveugles allèrent occuper, rue Saint-Victor, l'ancien collége des Bons-Enfants, autrement le séminaire de Saint-Firmin. En 1836, il fut question de les replacer aux Quinze-Vingts ; leur administration, qui goûtait peu ce projet, fit si bien que le ministre de l'intérieur y renonça et leur fit bâtir une fort belle maison, au coin de la rue de Sèvres et du boulevard.

J. Napoléon Ier n'avait pas eu le temps de s'occuper des Quinze-Vingts, avant 1814 ; il l'eut encore moins en 1815, après son retour de l'île d'Elbe. Cependant, l'organisation nouvelle établie par le grand-aumônier ne pouvait pas être maintenue ; les bureaux du ministère devaient être mécontents de ce qu'on leur avait enlevé l'administration des Aveugles, et il fallait préposer un chef à l'établissement. Un décret impérial, du 6 mai 1815, annula l'ordonnance royale du 8 février précédent, et, replaçant l'établissement dans les attributions du ministère de l'intérieur, prescrivit qu'il fût pourvu à son entretien, comme par le passé, sur les fonds de ce ministère, au moyen d'un crédit qui continuerait d'y être porté. En transmettant ce décret à l'administration, par une lettre du 10 mai, le ministre l'invita à lui faire remettre sans délai les états des rétributions dues aux Aveugles, et des traitements des employés, pour les mois de mars, avril et mai, dans la même forme et au même taux que ci-devant. Rien ne s'opposait à ce que l'on suivît la même forme ; mais était-il raisonnable de réduire au même taux des traitements et des allocations déjà reçus et employés ? L'administration dut parlementer. Elle ne se réunit que le 19 mai, et, au lieu de revenir purement et simplement à l'arrêté du 23 ventôse an IX, elle formula un projet de nouveau règlement en quatorze articles convenus d'avance avec les bureaux, et qui, pour cette raison, furent confirmés par le ministre. Elle remettait le prêt des Aveugles à 90 centimes par jour, sur lesquels devaient être retenus 17 centimes et quart pour fournir journellement 20 onces de pain, et 7 centimes et demi pour un habillement tous les deux ans. Aux conjoints on allouait 25 centimes par jour. La décision confirmative et la lettre d'envoi du ministre furent présentées au conseil d'administration, le 16 juin. Le conseil, « considérant que cette décision est textuellement conforme à sa délibération du 19 mai, arrête qu'il ne sera porté au procès-verbal du jour que les motifs dont le ministre l'a fait précéder, et l'article 13, qui révoque toutes dispositions contraires, renvoyant, pour tout le reste, au texte de la délibération du 19 mai ; et ordonne que la lettre et la décision du ministre seront réunies au carton des statuts et règlements de l'hospice, pour y avoir recours au besoin. » Mon frère les y a cherchés inutilement.

K. Dès que la grande-aumônerie eut repris l'administration des Quinze-Vingts, elle eut le soin de rouvrir la chapelle restée fermée depuis 1793. Par ordonnance du 16 décembre 1815, elle nomma un chefcier et deux chapelains, deux chantres, un sacristain, etc. Le traitement du chefcier fut fixé à 3000 francs, et celui des chapelains à 2000. Le crédit ouvert sur le budget de la chapelle fut arrêté à 20000 francs, somme qui, pendant les deux ou trois premières années, était nécessaire pour fournir convenablement la sacristie d'une chapelle royale complétement dénuée, et meubler décemment une église qui, à la vérité, servait au culte, mais qui se trouvait dans un état de misère à peine concevable par rapport à une ville telle que Paris. Du reste, cette somme qui, au premier abord, parait un peu forte, n'avait rien d'exagéré. C'est là-dessus qu'on prenait le traitement des chapelains, l'acquit de 900 fondations, les indemnités de casuel, la dépense pour la musique religieuse de l'établissement, les honoraires des prédicateurs de l'avent et du carême, etc.

L. La réouverture de la chapelle entraînait le rétablissement du service spirituel qui en était l'objet et qu'il fallait réhabiliter : 1° pour acquitter des fondations d'où étaient provenus une bonne partie des revenus de la maison ; 2° pour procurer aux Quinze-Vingts les bienfaits de la religion de la manière la plus appropriée à la situation. Ce service, perdant tout ce qu'il avait de capitulaire, fut organisé exclusivement au point de vue paroissial. On y accomplit les mêmes offices que dans les autres paroisses de la capitale. Un règlement particulier, dressé par l'un des chefciers, détermina le mode à suivre. Bien que ce règlement n'eût pas été officiel·

lement approuvé par la grande-aumônerie, on s'y conforma exactement jusqu'en 1831, époque où la chapelle fut complétement désorganisée. Un second règlement adopté par le grand-aumônier et par l'archevêque, arrêta l'usage de la chapelle; et un troisième proposé, le 17 août 1824, par la fabrique de la paroisse Saint-Antoine à l'administration des Quinze-Vingts qui l'accueillit, fixa les frais du culte qui seraient supportés en commun pour la commodité du service, et la dépense que chacune des deux fabriques aurait à sa charge (1).

M. La réouverture de la chapelle appelait naturellement la surveillance et la direction du grand-aumônier. Cependant il y avait déjà plus de quinze mois que cette réouverture avait eu lieu et que le service s'y faisait régulièrement, sans que l'on eût songé à dresser le tableau des fondations. Le 29 avril 1817, le chefcier, désirant de connaître celles-ci, voulut avoir communication des registres. Il nous apprend qu'elles avaient cessé d'être acquittées depuis 1791 jusqu'en 1815. Il demanda leur réduction, par la raison : 1° que les ecclésiastiques chargés de desservir la chapelle n'étaient plus aussi nombreux; 2° que l'honoraire des messes était plus élevé de notre temps qu'il ne l'était jadis, et que beaucoup de fêtes avaient été abolies. Il fut fait droit à sa requête, ou, ce qui revient au même, on le laissa agir comme il l'entendait, et les fondations furent réduites à 896 messes, dont 37 devaient être chantées (une du Saint-Esprit, le premier lundi de l'année; 12 du Saint-Sacrement, le premier jeudi de chaque mois, et les 24 autres de *Requiem*). En outre, il y avait 47 saluts ou bénédictions. Les 896 messes conservées étaient formées de 180 pour Catherine Poirel-de-Granval, de 156 pour Marie Lambert, de 104 pour les bienfaiteurs, etc. Il me paraît qu'il y a eu bien peu de discernement dans la réduction et la suppression des fondations Une irrégularité qui annule cet acte, c'est surtout de ne pas être émané de l'autorité compétente, selon les formes voulues. Le premier chapelain, ni l'administration des Quinze-Vingts ne pouvaient la dispenser de supporter des charges attachées à des biens dont elle et lui continuaient de jouir; et, quant à celles qui résultaient de biens perdus, il y aurait eu lieu de procéder à une enquête régulière, et de faire prononcer par qui de droit la suppression ou la réduction que l'on avait pour but. Il n'est pas certain que ceux qui fondent des prières à perpétuité pour le repos de leur âme, aient besoin que l'on prie pour eux jusqu'à la fin du monde; aussi l'Église veut-elle que, dès le second anniversaire, la messe soit dite non pas seulement pour le fondateur, mais encore pour les bienfaiteurs et pour tous les fidèles

____

(1. Voir ci après chapitre VI, F.

défunts. La cessation de l'acquit d'une prière peut donc, après un certain temps, ne porter aucun préjudice au fondateur. Mais la justice est violée par cette cessation, si elle n'est pas légitimement autorisée, parce qu'il y a eu obligation stricte, rigoureuse, synallagmatique d'acquitter la fondation autant qu'on le pourrait, et durant toute la durée des avantages temporels donnés en échange. Comment s'expliquer l'abandon non motivé de plusieurs fondations qui ont procuré la fortune de l'établissement? Ainsi, pour ne citer qu'un exemple, Pierre des Essarts et sa femme donnèrent une culture qui servit à l'agrandissement de l'enclos des Quinze-Vingts, et qui, loin de perdre de sa valeur, en acquit au contraire de plus en plus, au point qu'elle entre, pour une part considérable, dans les six millions que produisit la vente de l'enclos. Comment se fait-il que, des quatre services fondés par lui, aucun ne soit acquitté, pas même celui qu'il avait établi pour demander les bénédictions de Dieu sur le roi régnant et sur sa famille? On pourrait en dire autant de bien d'autres fondations. Je pense donc qu'il y aurait un travail à faire, non pas pour ressusciter toutes les fondations oubliées, mais pour régulariser tout ce qui a été fait, et donner satisfaction à ceux des bienfaiteurs dont la maison tient encore les biens, et cela, soit en leur accordant un service spécial, soit en les associant avec d'autres, et en les faisant nommer, chaque dimanche, en chaire. De cette façon, on pourrait, autant que les circonstances le permettent, rentrer dans les voies de la justice, honorer l'établissement en signalant ceux qui ont eu de la bienveillance pour lui, et déterminer des fondations nouvelles; car il est à remarquer qu'il ne s'en fait plus, depuis que les Quinze-Vingts exécutent mal, et dans l'ombre, celles dont ils étaient chargés.

N. Le grand-aumônier reprit la maison des Quinze-Vingts telle qu'elle était devenue sous la dépendance du ministre de l'intérieur, c'est-à-dire, comme un asile appartenant au gouvernement, et dans lequel les Aveugles n'avaient d'autre droit à faire valoir que celui d'être secourus conformément aux règlements établis. Cette transformation s'était accomplie, sans qu'ils s'en doutassent. Il était impossible de leur faire comprendre qu'elle existait. L'administration elle-même croyait que l'établissement, tel qu'elle l'avait reçu, n'avait pas changé de nature, mais qu'il était simplement arrivé à une direction plus éclairée, plus sage, et partant plus utile. Elle reconnaissait les anciens statuts, et y obtempérait autant qu'elle le pouvait. De convictions contraires naquit, entre les Aveugles et l'administration des grands-aumôniers, une lutte qui se soutint plus ou moins vive jusqu'en 1830, époque où l'établissement rentra, pour la troisième fois, dans les attributions du ministère de l'intérieur. Néanmoins on reconnaît, dans tous les actes de ce temps-là, la sollicitude d'une administration qui veut le bien et qui prend les moyens les plus sûrs de l'effectuer. Les Aveugles, toujours préoccupés de la pensée de recouvrer les droits de surveillance et de conseil qui leur avaient été conservés, et que plusieurs d'entre eux avaient exercés, étaient instinctivement convaincus que la vigilance et l'intelligence des gouverneurs, quel que fût leur mérite, ne vaudrait jamais pour eux celles des frères voyants et aveugles, membres de l'hospice, et intéressés comme eux à sa prospérité. Ils continuèrent de s'agiter; et, au lieu de s'adresser à l'administration qui ne voulait plus lire leurs réclamations, ils eurent recours à la chambre des députés, où, jusqu'à la révolution de juillet 1830, ils trouvèrent de zélés défenseurs sur les bancs de l'opposition. J'ai vu un mémoire, sans date ni signature, dans lequel on s'efforce de prouver que le grand-aumônier n'est, par rapport aux Quinze-Vingts, que le président d'une commission composée de gouverneurs nommés par lui. Pour étayer cette prétention, il fallait rejeter les anciens statuts; c'est ce que l'on a fait, prétendant qu'ils ne sont pas authentiques. Tout est de la même force dans la regrettable transformation dont il s'agit ici.

O. Les économies, réalisées par l'établissement, permirent à l'administration d'augmenter le nombre des pensions externes. Elle en créa cinquante de 150 francs chacune, par délibération du 1er décembre 1823; cinquante autres à 150 francs furent créées le 25 janvier 1830.

P. Aux conditions d'admissibilité, prescrites sous la direction du ministère de l'intérieur, le grand-aumônier ajouta celle d'un certificat de catholicité. On exigea avec tant de sévérité la condition d'une cécité complète et incurable, que l'on voulut faire examiner l'état de ceux qui étaient reçus, et renvoyer quiconque serait reconnu jouir d'un rayon visuel. A cette occasion, le docteur Faure, oculiste de Madame la Duchesse de Berry, écrivit deux lettres au grand-aumônier. Il dit, au début de la première, que « par les ressources de la nature, par des procédés nouveaux et par des soins donnés gratuitement à plusieurs Aveugles des Quinze-Vingts, quelques-uns de ces infortunés ont recouvré un peu la vue, mais pas assez pour gagner leur vie. » Il est possible que le désir de proclamer ce fait n'ait pas été étranger à la sollicitude du docteur. Quel qu'ait été son but, il avait certainement raison de penser qu'on était suffisamment aveugle, pour avoir droit à l'admission aux Quinze-Vingts, dès l'instant ou l'on ne voyait pas assez pour travailler, et dans tous les cas, on ne devait pas molester ceux qui étaient reçus depuis plusieurs années. Le grand-aumônier répondit que les statuts formels de la maison, depuis S. Louis, exigeaient une cécité complète et incurable, pour pouvoir être ou rester membre. On l'avait dit à Son Altesse Eminentissime ; mais ce n'était pas vrai. Aussi ne put-on pas en administrer la preuve à M. Faure, quand il alla de sa personne, dans les bureaux de l'administration, pour la demander. Il insista pour obtenir la révocation, ou la modification de la délibération prise au sujet de ceux qui voyaient un peu ; mais ce fut en vain. Il fit remarquer avec raison que l'aveugle renvoyé des Quinze-Vingts, après y avoir été admis depuis longtemps, était plus malheureux que celui qui ne pouvait obtenir d'y être reçu ; et, dans une note, il insinua que le droit de nommer aux places vacantes, accordé par S. Louis au grand-aumônier, n'impliquait pas nécessairement celui de renvoyer les Aveugles une fois admis. L'admission est, en effet, une faveur de laquelle résulte un droit qui ne peut se perdre que dans les cas spécialement prévus par les statuts, et de la manière qu'ils l'ont réglé.

Q. Parmi les devoirs religieux, trois seulement étaient alors rigoureusement exigés des Aveugles : la bénédiction de leur mariage (sans quoi on ne les aurait pas conservés), le baptême de leurs enfants, et leur première communion ; quant aux autres obligations chrétiennes, ils étaient *invités* à les remplir. A cette prudente tolérance se joignait une très-indulgente direction.

R. Avec beaucoup d'ordre et d'économie, l'Aveugle aux Quinze-Vingts a de quoi vivre ; il est infiniment mieux, sous tous les rapports, que ne le sont les vieillards recueillis dans les hospices civils du département de la Seine. Il y a peu de ménages d'ouvriers qui aient autant d'argent à dépenser par jour, après avoir payé leur loyer et s'être munis de pain et de vêtements ; mais l'Aveugle a plus de besoins qu'un voyant. Quelques-uns des Aveugles de la maison étaient habitués à une assez bonne vie. Il n'eût pas été surprenant qu'ils eussent cherché, dans la mendicité, un surcroît de ressources pour diminuer leurs privations. Chose remarquable, ce n'étaient pas ceux-là qui mendiaient, mais ceux qui, ayant été tirés de cet état de vagabondage par leur admission aux Quinze-Vingts, étaient habitués à demander l'aumône, comme d'autres l'auraient été à exercer une profession. Il faut bien le dire aussi, durant les mauvais jours de la république, plusieurs avaient été forcés d'implorer la commisération publique. De là résulte qu'il y avait alors plusieurs Aveugles qui allaient mendiant dans Paris. A cause d'eux, l'administration avait introduit l'obligation de sortir en uniforme. Ils sortaient, se conformant au règlement ; mais, une fois hors de l'établissement, ils allaient chez des personnes complaisantes, échanger leur costume contre d'autres habits. C'est pour arrêter ce désordre que, le 6 mai 1826, l'administration arrêta que, quiconque serait surpris mendiant dans l'intérieur de Paris ou hors barrière, serait, pour la première fois, passible d'une amende égale à un mois de prêt, pour la deuxième d'une amende égale à la totalité d'un mois de prêt, et pour la troisième d'expulsion de l'hospice sans espoir d'y rentrer. Par cette mesure sévère, on ne parvint point à abolir la mendicité ; seulement celle-ci eut lieu avec plus de réserve. Il est vrai que l'on montra peu de zèle dans la recherche des délinquants.

CHAPITRE VI (1830-1841).

A. L'un des premiers actes du gouvernement issu de la révolution de juillet 1830, ayant été la suppression de la grande-aumônerie, les Quinze-Vingts n'eurent plus le visiteur et surveillant spécial institué par S. Louis. Il appartenait au souverain de leur en assigner un autre. C'est ce que fit Louis-Philippe, par ordonnance du 31 août 1830 : « L'hospice des Quinze-Vingts est replacé dans les attributions immédiates de notre ministre secrétaire d'Etat au département de l'intérieur. Il sera administré, sous l'autorité de ce ministre, par une commission gratuite, composée de cinq membres. » Le roi s'enlevait ainsi la faculté de régir la maison des Aveugles, ou de la faire régir à son gré, ainsi que cela avait eu lieu précédemment. Quand on change, ou qu'on modifie un état qui a déjà existé, c'est qu'on le trouve défectueux. On s'était récrié contre l'administration directe d'un fonctionnaire public qui ne pouvait ni surveiller ni diriger par lui-même. On avait senti la justesse de ces plaintes, et l'on désirait d'en empêcher le retour. Une commission d'enquête fut nommée ; elle se réunit, délibéra et ne fut point d'accord. Il y eut même quelque chose de plus grave : la dissidence fut telle, que quelques membres ne voulurent plus en faire partie. Que s'était-il passé ? je l'ignore ; mais je sais que les chapelains, personnellement intéressés dans les changements que l'on pouvait opérer, étant allés faire une visite à l'un d'eux pour le prier de rester, il leur répondit : « Là où l'honnête homme ne peut faire aucun bien, sa conscience lui impose l'obligation de se retirer, afin de ne pas autoriser le mal par sa présence. » La difficulté de remplacer, par des sujets de bonne volonté, les membres démissionnaires de la commission, porta le ministre à commettre une illégalité flagrante, dès le début d'une révolution qui, disait on, n'avait eu lieu que dans l'intérêt de la loi. Il se permit, de sa propre autorité, de faire administrer, par un seul commissaire, une maison qui devait l'être par cinq. Si quelque chose pouvait excuser cette conduite, ce serait la réputation dont jouissait l'homme en qui le ministre concentra l'administration tout entière des Quinze-Vingts. M. Cochin, héritier d'un nom illustre dans les annales de la bienfaisance, animé lui-même des plus louables intentions, n'avait malheureusement ni toutes les connaissances administratives dont il aurait eu besoin pour s'acquitter utilement de sa tâche, ni le loisir de les acquérir. Au contraire, dans la commission des hospices civils de Paris dont il faisait partie, il avait puisé des idées d'administration diamétralement opposées à tout ce qu'il rencontra aux Quinze-Vingts; aussi se heurta-t-il partout contre des abus, et conçut-il le dessein de tout réformer. On voulait alors, disait-on, doter la France d'un gouvernement à bon marché. Chaque ministre était obligé de présenter son budget avec des réductions. Celui de l'intérieur pensa qu'il en obtiendrait, en amoindrissant l'allocation des 250000 francs qui, sur le sien, était portée au profit des Aveugles. Des instructions furent données en ce sens à l'administrateur-général. Il promit d'abaisser le chiffre, et ce fut avec ces dispositions qu'il entra en exercice, secondé par des hommes qui, ayant besoin de son crédit, s'efforcèrent de suivre ses idées et de favoriser l'exécution de ses plans, sans les examiner.

B. Un gouvernement, qui succède à un autre, croit toujours qu'il est nécessaire d'effectuer des réformes, et de déplacer les partisans du système déchu, quand ils sont en contact direct avec lui, ou quand ils ont eu le malheur de se mettre trop en évidence. Les Quinze-Vingts avaient, pour directeur-général, un sujet intelligent qui, moyennant 1500 francs de pension qu'il s'était engagé de servir, avait obtenu la succession d'un honnête homme incapable. Plusieurs s'empressèrent de demander cette place, sans s'inquiéter, plus qu'on ne le fait d'ordinaire, de savoir ce que deviendrait ce sujet, et ce qu'il en serait de celui qui avait été obligé de lui céder son office. On sollicita pareillement le poste du caissier. Le directeur, qui n'était là que depuis quelques mois, aima mieux, en bon légitimiste, donner sa démission que d'essuyer un renvoi qui lui paraissait certain. Le caissier attendit sa mise à la retraite, qui lui fut accordée. Il eut pour successeur un luthérien très-probe, qui avait éprouvé des pertes dans le commerce. Celui du directeur fut un calviniste, dont le fils était attaché au duc d'Orléans, et qui, au moment de sa nomination, se trouvait dans une maison de santé d'où on ne le laissait pas sortir ; ce qui fut cause qu'il ne vint jamais prendre possession de son emploi, lequel fut occupé par un vicegérant, d'un caractère bon, mais tellement timide, que l'administrateur-général disait de lui en paro·liant un vers d'*Athalie : je crains* *tout, cher monsieur, et j'ai bien d'autres craintes.* Ce vice-gérant n'était pas protestant; mais il était veuf d'une femme appartenant à la religion réformée. Je fais ces remarques, non pour jeter le moindre discrédit sur des personnes estimables, mais uniquement à cause de la singularité du fait produit par le nouveau régime politique, par suite duquel un établissement entièrement catholique, établi par un saint roi et doté par la piété des catholiques, fut confié à la direction d'un calviniste secondé par un quasi-calviniste, et d'un luthérien. Ils fonctionnèrent l'un et l'autre pendant dix ans, après lesquels on les admit, selon le système du jour, à faire valoir leurs droits à la retraite, afin de pouvoir disposer de leurs places.

c. Dans ce mode administratif, le directeur-général n'est qu'un simple employé ministériel, révocable à volonté, et, comme dans tous les emplois supérieurs de l'administration, il peut arriver qu'il soit fait moins pour ses fonctions que pour les appointements attribués à celle-ci. C'est ce qui arriva, quand celui qui fut nommé en 1830 ne vint jamais prendre possession du titre, et se fit suppléer par un vice-gérant, auquel il laissait le tiers de ses émoluments. Les bureaux du ministère, ayant voulu remédier à cet abus, ne firent que le rendre plus criant. Le ministre donna alors le titre de *directeur* au vice-gérant qui avait un traitement ainsi que l'ancien titulaire, et qui, quelques années après, se servit de son titre pour obtenir, sur l'établissement, une retraite qui fut le double de ce qu'il recevait comme directeur, parce qu'on lui compta vingt ans de service dans les ponts et chaussées, d'où il était sorti par démission volontaire. Chaque changement de gouvernement a amené aux Quinze-Vingts un directeur nouveau. Cette instabilité ne peut que nuire à l'établissement; le nouveau titulaire, qui ignore tout ce qui a rapport à la maison, peut craindre quelquefois de n'avoir pas le temps de rien étudier, et marche un peu au hasard. Cependant il faudrait, pour qu'il pût bien diriger, qu'il comprît l'organisation de l'hospice, et qu'il fût bien pénétré de l'esprit et du but de la fondation, le système de S. Louis étant, sous tous les rapports, infiniment préférable à tout autre. Le directeur des Quinze-Vingts, honoré d'une nomination royale, plus élevé en dignité que les directeurs modernes, pouvait se voir allouer un traitement inférieur, et partant moins onéreux pour l'asile des Aveugles. Certain que l'on ne viendrait pas, à la moindre commotion politique, ou à l'occasion du moindre mécontentement vrai ou supposé, le mettre hors de l'établissement, il considérait celui-ci comme le lieu de son séjour jusqu'à la fin de sa vie, et n'avait d'autre préoccupation que celle de le gouverner avec prudence. L'assistance des Aveugles, qui lui était très-nécessaire, ne pouvait lui procurer aucun ennemi, quand elle fut réduite à une simple députation. Il ne faut donc pas être surpris si les règlements qui datent de cette époque sont aussi remarquables par leur sagesse que ceux d'aujourd'hui le sont par leur légèreté.

D. Les nouveaux administrateurs commencèrent leurs réformes par la chapelle. Leur première pensée fut de la supprimer et d'en confier le service à la paroisse St-Antoine. On s'aboucha avec le curé, qui accepta avec une vive satisfaction la direction spirituelle des Quinze-Vingts, autant pour avoir seul la jouissance de la chapelle (1), que pour les avantages temporels dont cet arrangement devait être pour lui la source. L'archevêché entrevit, avec tout autant de plaisir, le moment où il pourrait reprendre sur cet établissement une juridiction dont il avait été dépossédé malgré lui, et qu'il n'avait jamais laissé passer l'occasion de ressaisir en partie. Néanmoins, ne voulant pas se compromettre ostensiblement, il donna verbalement au curé le pouvoir de négocier et de traiter définitivement avec l'administration, pour assurer le service religieux des Aveugles et l'acquit des fondations. Instruit de ce qui se passait, l'un des chapelains, l'abbé J.-H.-R. Prompsault, rédigea un mémoire pour le clergé des Quinze-Vingts et pour les fondations auxquelles ce clergé était obligé de satisfaire. Il établit, en peu de mots, que ce clergé avait toujours été, et devait être encore, une partie essentielle de l'établissement, où sa principale tâche était d'acquitter les fondations religieuses ; que ces dernières ne pouvaient être ni supprimées, ni réduites, ni acquittées hors de la chapelle ; que, s'il y avait des économies à effectuer sur le budget de la chapelle, elles ne devaient entraîner aucune diminution dans le personnel du clergé. Les collègues de l'abbé Prompsault, ayant donné leur assentiment à cette réclamation, en firent chacun deux ou trois copies, qui furent adressées au roi, à l'archevêché, au ministre et aux bureaux de la commission d'enquête. La question parut assez grave pour nécessiter un rapport particulier. En conséquence, un avocat fut envoyé aux Quinze-Vingts, avec ordre de vérifier, par l'inspection des titres, si les allégations du mémoire étaient exactes, et s'il y avait obligation de faire acquitter les fondations dans la chapelle même de la maison par le propre clergé de celle-ci. L'auteur du mémoire fut instruit de ce fait, parce que l'impossibilité où l'on se trouva de rencontrer, dans l'hôtel des Aveugles, quelqu'un qui sût déchiffrer les anciennes écritures, força de réclamer son assistance. Il dépouilla donc, avec l'avocat, deux ou trois cents pièces, qui toutes, d'une façon ou de l'autre,

---

(1) Voir ci-après le paragraphe F du présent chapitre.

témoignaient que les fondations avaient été faites dans la chapelle, et pour y être acquittées par le clergé de l'établissement; mais, comme on voulait des conclusions diamétralement opposées, l'avocat énonça, dans son rapport, que de l'examen des titres il résultait en effet l'obligation de satisfaire à ces fondations, mais que rien n'empêchait qu'on y satisfît hors de la chapelle des Quinze-Vingts, et par l'intermédiaire d'un clergé autre que celui des Aveugles. Ce travail de complaisance, qui fut payé trois cents francs, ne leva pas toutes les difficultés soulevées par le mémoire des chapelains. Il y eut un moment d'hésitation au ministère. En attendant, il fut décidé qu'à dater du 1er janvier 1831, toute personne, recevant traitement sur le budget de la chapelle, aurait ce traitement réduit à la moitié pour janvier et les mois suivants, s'il y avait lieu. Le directeur en donna avis aux chapelains, par une lettre du 25 décembre 1830. L'abbé J.-H.-R. Prompsault consentait à accepter cette réduction et à continuer le service; ses collègues furent d'un sentiment contraire. Il ne voulut pas se séparer d'eux dans une circonstance si critique. Il rédigea une seconde réclamation, à laquelle on fit droit, mais sans renoncer au projet de la suppression. Alors, de concert avec ses deux collègues, il dressa un budget d'après lequel, étant conservés les trois chapelains, un sacristain faisant les fonctions de bedeau, trois enfants de chœur, une lingère, un sonneur, et étant pris des chantres étrangers pour les offices ordinaires et les fondations, la dépense totale devait se trouver abaissée à 7460 francs, desquels il y aurait à retrancher 600 francs provenant du loyer des chaises, et 500 francs alloués au chefcier pour casuel. L'abbé Prompsault fait remarquer qu'avec les sous-employés pris dans l'établissement, les 1080 francs qu'on leur allouerait retourneraient à la maison, en améliorant le sort de quelques-uns de ses membres. Bien que, dans ce projet d'organisation, les frais du culte fussent moindres de la moitié, ainsi que la commission d'enquête l'avait d'abord souhaité, le dit projet ne fut pas accepté (1). Il fut convenu, entre l'administration, le curé de Saint-Antoine et la paroisse, que le ministre supprimerait la chapelle et prierait la paroisse de donner ses soins à l'hospice des Aveugles, et de faire acquitter les fondations. Sur quoi, l'archevêché accorderait au curé un nouveau vicaire spécialement chargé de porter aux fidèles de l'hospice les secours spirituels. Il fut arrêté aussi que les fondations seraient acquittées par la paroisse, moyennant une somme déterminée

(1) A cette époque, on n'avait que faire de la religion et de ses ministres. Le motif d'économie n'était qu'un prétexte dont on abusait grandement. Je sais positivement qu'on a eu soin de ne laisser, dans les archives des Quinze-Vingts, que des pièces propres à justifier la conduite inqualifiable de l'administration d'alors.

qui, ainsi que le traitement du vicaire, serait payée annuellement par
la maison.

Pendant que se prenaient ces arrangements, le premier chapelain donna
sa démission entre les mains du cardinal prince de Croy, et se retira immédiatement. Le troisième, l'abbé J.-H.-R. Prompsault, chercha une place
à sa convenance, et la trouva. Le second fut choisi secrètement par le
curé, et agréé par l'archevéché pour être vicaire de la paroisse, et faire
le service religieux des Quinze-Vingts. Ce fut peut-être la raison pour
laquelle l'administration rejeta un projet d'organisation très-économique,
qui maintenait les deux autres chapelains. Le ministre du commerce et
des travaux publics, par un arrêté de bon plaisir, du 16 mai, supprima
purement et simplement la chapelle, accordant à chacun des deux chapelains une indemnité de cinq cents francs. Le second chapelain, qui se mit
aussitôt en rapport avec l'administrateur-général, eut le malheur de lui
déplaire, de sorte que, au moment où le troisième chapelain s'attendait à
être renvoyé de l'établissement, l'administration lui fit exprimer le désir
qu'elle aurait de lui voir continuer ses fonctions. Ce dernier fit alors
remarquer que l'acte de suppression de la chapelle était nul, parce que le
ministre, duquel il était émané, et dans les attributions duquel les Quinze-
Vingts étaient passés en vertu de l'ordonnance royale du 17 mars 1831,
n'avait pas plus d'autorité que l'ordonnance du 30 août 1830 n'en avait
accordé au ministre de l'intérieur, et que partant il n'avait pas même la
faculté d'administrer seul l'hospice en question ; que la chapelle n'aurait
pu être légalement supprimée que par une loi, ou au moins par une ordonnance royale, les statuts qui en consacraient l'existence ayant été sanctionnés par une loi, et les fondations qui s'y rapportent, ne pouvant être
modifiées que par le souverain qui en a garanti et continué d'en garantir
la fidèle exécution ; que l'intérêt personnel du troisième chapelain le portait à accepter, dans le clergé de Paris, une position qui lui ouvrait une
honorable carrière ; mais que, s'il consentait à rester aux Quinze-Vingts sur
l'invitation des administrateurs, c'était purement pour l'avantage de la
maison, vu qu'un vicaire de paroisse s'attacherait moins sérieusement à
elle qu'un chapelain propre. A ce motif et à d'autres encore, l'abbé Prompsault ajoutait : qu'il serait possible de faire chanter par les Aveugles les offices publics, ainsi que les services funèbres ou de fondation ; ce qui ramè-
nerait dans l'esprit des fondations, en obtenant de cette façon la présence
des Aveugles à leur acquittement, et en faisant tourner à leur profit les
honoraires qu'elles entraînent avec elles ; que l'autorité civile pouvait,
sans qu'il fût nécessaire de supprimer la chapelle, retrancher, au chapelain
qu'elle rejetait, et son traitement et son logement dans la maison. Ces raisons ayant été goûtées, il fut convenu, avec l'administrateur-général, que

l'on se passerait de la paroisse ; que le troisième chapelain serait prié de continuer provisoirement le service de la chapelle des Quinze-Vingts, et que l'on tiendrait pour non avenu l'arrêté ministériel du 16 mai.

Soit oubli de la part de l'administrateur-général, soit difficulté de congédier autrement le chapelain qu'il ne voulait plus, il envoya l'arrêté de suppression au directeur, avec ordre d'en adresser copie à chacun des chapelains : « Je vous préviens en même temps, disait-il à l'abbé Prompsault, que M. l'administrateur a accepté l'offre que vous avez faite de rester provisoirement dans la maison, jusqu'à ce que le service spirituel, qui va succéder à celui de la chapelle, soit organisé (1). » Cette lettre, évidemment dictée au directeur, exprime mal ce qui s'était passé ; mais elle prouve que, nonobstant l'arrêté du ministre et jusqu'à nouvel ordre, l'abbé Prompsault exercerait toujours son ministère de chapelain dans la chapelle, en vertu des pouvoirs ecclésiastiques qui étaient attachés à cette qualité. Pour régulariser sa position civile, il fallait un acte, qui, malgré l'arrêté du 16 mai, permît de le porter sur les états de paiement. Un nouvel arrêté, du 2 juin, dont l'abbé n'eut communication que le 18, le nomma provisoirement aumônier de l'hospice et, par là même, le reconnut comme investi, jusqu'à exécution de l'arrêté du 16 mai, du service religieux de la chapelle dont la suppression, quoique prononcée, se trouvait ainsi indéfiniment ajournée. Il fallait prévenir l'archevêque de Paris (Mgr de Quélen), et l'informer que l'administration avait renoncé à l'accomplissement du projet de suppression, auquel il avait prêté les mains. Le chapelain conservé, chargé de ce soin, s'en acquitta aussi convenablement qu'il le put, le 4 juin, par une lettre dans laquelle il fit savoir à l'archevêque que, nonobstant l'avis de la commission d'enquête et l'arrêté ministériel du 16 mai, il avait obtenu que la chapelle des Quinze-Vingts ne cesserait pas d'avoir son service et d'acquitter ses fondations. Cette nouvelle ayant été assez mal accueillie, on fit d'abord écrire au chapelain auquel aucun supérieur n'avait retiré ses pouvoirs, pour l'autoriser à bénir un mariage que l'on sut devoir être célébré, le 6, dans la chapelle ; et simultanément on l'invita à venir, le plus tôt possible, faire connaître le véritable état du ministère qu'il exerçait précédemment (2). Le vicaire-général, auprès duquel il se rendit de suite, ne lui dit rien qui pût passer ni pour une approbation, ni pour une désapprobation de sa conduite ; mais, six jours après, l'archevêque lui écrivit que, n'ayant reçu aucune communication officielle au sujet de la chapelle des Quinze-Vingts, ce que

----

(1) Lettre du 1er juin 1831.
(2) Lettre du 6 juin.

ledit chapelain lui en disait n'était pas une base sur laquelle Sa Grandeur dû asseoir un jugement. Le prélat l'invitait, en conséquence, à s'entendre avec le curé de la paroisse Saint-Antoine, et à se faire autoriser par ce dernier, ne comprenant pas que, après avoir reconnu la suppression de la chapelle, et obtenu du ministre une nouvelle nomination, ledit chapelain se crut encore investi des pouvoirs, soit ordinaires, soit extraordinaires, qu'il disait avoir reçus de la grande-aumônerie. — Le chapelain n'avait nullement jugé valide la suppression de la chapelle, prononcée par le ministre; c'est pourquoi le service religieux continuait d'être fait sous sa direction, et c'est pourquoi aussi la suppression dont il s'agit n'avait pas été notifiée officiellement à l'archevêché. La nomination, dont parlait l'archevêque, ne fut connue du chapelain que six jours après. Sa Grandeur ne devait en être informée que par suite des relations qu'elle eut avec le ministère, ou avec l'administrateur-général des Quinze Vingts, pour se faire expédier officiellement l'arrêté de suppression qu'elle avait approuvé d'avance, et dont elle se serait servie probablement en cette circonstance. D'ailleurs, son grand-vicaire avait dû lui transmettre les renseignements et les explications qu'il tenait du chapelain en exercice. C'était donc là une mauvaise querelle suscitée à un prêtre dont la fidélité, le désintéressement, le dévouement et la fermeté contrariaient les vues du prélat, et encore plus celles de ses vicaires-généraux, comme j'en ai les preuves consignées dans des documents qui sont devenus ma propriété.

E. Dès qu'on eut arrêté que la chapelle serait conservée, le chapelain s'occupa de l'organiser sur le pied le plus simple et le plus économique. Il fit admettre l'ancien sacristain à la retraite; ce qui permit à celui-ci de continuer son emploi, moyennant une faible rétribution et le logement. Le serpent, qui était passé à la paroisse et qui, partant, n'avait pas à se déranger beaucoup pour le service de la chapelle, se contenta d'une allocation pareille; il avait choisi un maître de chœur Aveugle, auquel il aurait donné autant pour former les chantres et les enfants de chœur; mais, tout habile qu'il était, il travailla pendant quinze jours, sans pouvoir rien obtenir des chantres Aveugles, et vint alors déclarer au chapelain que son projet n'était pas réalisable, et le pria, dans tous le cas, de ne pas compter sur sa coopération. Il fallut donc modifier le plan conçu, avant même qu'il eût reçu un commencement d'exécution. Le chapelain fit venir les sept Aveugles qui avaient consenti à être chantres, et qui croyaient ne pouvoir jamais se mettre en état de le devenir, les rassura, leur dit que ce qu'il exigeait d'eux était extrêmement facile, et qu'ils ne s'en étaient effrayés que par ce qu'on s'y était mal pris. Il les fit asseoir, les invita à l'écouter et à retenir ses paroles : il leur lut trois fois, en articulant bien distinctement, le premier verset du psaume *Dixit Dominus*. En deux heures ils purent répéter ce psaume tout en entier, et se retirèrent satisfaits d'eux-mêmes et encouragés par ce début. Le lendemain et les jours suivants, ils revinrent de mieux en mieux disposés ; avant la fin de la semaine, ils surent chanter les vêpres pour la première fois ; et le dimanche suivant, ils s'en acquittèrent d'une manière fort édifiante ; ils continuèrent ainsi, sans avoir besoin de l'assistance de qui que ce fût. Le plus habile d'entre eux fut chargé de remplacer le maître de chœur, d'apprendre d'abord lui-même, et d'enseigner ensuite à ses collègues tout ce qu'ils auraient besoin de savoir. Le chapelain lui alloua pour cela dix francs de plus qu'aux autres, et il eut l'honneur d'être le premier chantre. Pour mieux entrer dans l'esprit de l'Eglise et dans celui des fondateurs, dont ils seraient tenus d'acquitter les obits et autres services, le chapelain leur annonça qu'il ne recevraient rien pour les offices du dimanche, à la solennité desquels tout bon chrétien doit coopérer, mais qu'il leur remettrait cinq francs par mois à titre de casuel des fondations chantées. Ils acceptèrent avec plaisir, et, depuis lors, ils n'ont jamais cessé de chanter les offices avec un pieux recueillement. Aux sept chantres le chapelain joignit quatre enfants de chœur, un organiste, un souffleur et un sonneur. L'ensemble de ce personnel ne coûtait que 861 francs, et le budget total de la chapelle ne dépassait pas 1161 francs. L'administrateur-général trouva que c'était trop, et ne voulait passer que mille francs ; de sorte que, pendant deux ans et trois mois, le chapelain fut obligé d'ajouter, de ses deniers, 161 francs par an à l'allocation officielle. Un peu plus tard, une musique religieuse ayant été créée, on nomma un maître de chœur. Le serpent voyant avait été remplacé par un serpent aveugle, que le ministre voulut bien, dans ce but, inscrire sur la liste des membres des Quinze-Vingts. Au premier chantre qui venait de mourir, succédèrent deux suppléants. Aux quatre enfants de chœur furent ajoutés deux clercs, enfants de la maison. Le personnel fut ainsi en état de suffire à toutes les exigences du service. Il est resté tel jusqu'à ce jour. Le chœur se trouvant définitivement constitué, et pouvant et se renouveler et se maintenir sans difficulté, le chapelain donna aux chantres un règlement (1) qui leur prescrivait de se réunir dans la première sacristie, de prendre préalablement connaissance de ce qu'ils avaient à exécuter au chœur,

(1) En 7 articles et daté du 12 juin 1834. Il se trouve *in extenso* aux pages 118-119 de la *Notice biograph. et littér.* de M. Victor Advielle sur l'abbé J.-H.-R. Prompsault.

de chanter gravement et d'accord, en évitant les éclats de voix, les variantes et le prolongement immodéré des finales. Il établit également qu'il n'y aurait parmi eux ni premier, ni dernier, et qu'ils se placeraient au chœur par rang d'ancienneté ; qu'ils entonneraient à tour de rôle et par semaine ; que, si l'ordre avait été interverti ou troublé, les plus anciens commenceraient un nouvel ordre d'intonation. Il recommanda à tous de bien apprendre ce qu'ils avaient à chanter, d'être pleins de déférence envers le maître d'orchestre chargé de les former, et de veiller à ce qu'ils remplissent convenablement leurs devoirs.

F. La chapelle étant réduite à un seul chapelain que secondaient des chantres Aveugles, on se vit forcé de réduire aussi et de modifier le service divin. Il n'y a plus qu'une seule messe, qui est chantée aux principales fêtes de l'année, et accompagnée de chants les simples dimanches : les chants de cette dernière catégorie sont ceux de l'hymne de tierce *(O fons amoris Spiritus)* pendant l'*Introït*, du motet *O salutaris* à l'élévation, et du *Domine, salvum fac* après la communion. L'officiant chante le *Benedicat vos* sans le faire précéder du verset ordinaire. Dans les messes hautes, le chœur entonne simplement l'*Introït* ; l'organiste touche un morceau approprié, après lequel le chœur chante le verset et le répons. Le *Kyrie*, le *Gloria in excelsis*, le *Credo*, le *Sanctus* et l'*Agnus Dei* sont exécutés en entier, à deux chœurs, ou alternativement avec l'orgue. Il en est de même du trait qui vient à la suite du graduel ; c'est le seul morceau qui soit chanté après l'épître. L'offertoire et la communion sont simplement entonnés ; l'orgue remplace le reste du chant de ces parties de la messe. Il y a huit messes en musique et sept en contre-point. Les messes simplement chantées sont celles des octaves de Pâques, de la Pentecôte, de Noël, de S. Louis et de S. Remi. — La chapelle des Quinze-Vingts étant commune entre les Aveugles de cette maison et la paroisse Saint-Antoine, on avait arrêté, depuis 1807, époque de l'érection (en succursale) de Saint-Antoine, que les Quinze-Vingts pourraient disposer de leur chapelle le matin de 8 heures à dix, et le soir de 2 à 4, le reste de la journée étant laissé à la disposition du curé de Saint-Antoine, de sorte que le dimanche et les jours de fête il y a, dans cette chapelle, doubles offices, un pour les Aveugles de l'établissement, et l'autre pour les gens de la paroisse ; ce qui n'a jamais empêché les personnes des Quinze-Vingts d'assister, si elles le veulent, aux offices paroissiaux, ni les gens de la paroisse d'aller aux offices des Quinze-Vingts.

G. Tel qu'il avait été arrêté avec le consentement verbal de l'adnistration, le budget de la chapelle se composait de 861 francs pour le personnel laïque ; de 300 francs pour le luminaire, le pain, le vin, l'accord de l'orgue, l'entretien du linge, le frottage et le nettoyage de l'église ; d'une somme de 900 francs pour l'acquit des fondations, et de 1800 francs pour les honoraires du chapelain. Cette dépense, de beaucoup inférieure à ce que la paroisse avait demandé pour se charger du service spirituel de l'établissement et de l'acquit des fondations, parut exorbitante à l'administrateur-général, comme nous l'avons déjà dit, fonctionnaire excessivement parcimonieux, toutes les fois qu'il faisait des concessions à contre-cœur, et très-prodigue, au contraire, quand il s'agissait d'obliger ses amis ou d'exécuter un projet qu'il avait conçu. Ayant laissé les choses marcher ainsi pendant quatre ou cinq mois, il notifia au chapelain que l'allocation, pour le personnel de la chapelle, n'était que de 700 francs, et que le traitement dudit chapelain était de 1600 francs, y compris les honoraires des 300 messes de fondation, dont il aurait la charge. On ôtait à cet ecclésiastique le chauffage, l'éclairage et la jouissance du jardin presbytéral, de sorte qu'il ne lui restait, pour son entretien, que 1300 francs, réduits à environ 1100 par le surplus des frais de la chapelle qu'il avait à supporter, et par la retenue qu'il subissait comme les autres employés. Il répondit en remettant sa démission entre les mains du directeur. On lui promit de passer, sur le budget de l'année suivante, l'allocation qu'il jugerait convenable et de lui rembourser ses avances ; tout cela se fit, mais seulement deux ans après, et sur une invitation formelle du ministre, auquel il avait fini par s'adresser. Plus tard, sur sa demande expresse, on lui rendit le chauffage et l'éclairage. Il reçut d'abord le chauffage seul. On lui laissa ignorer que l'éclairage lui était pareillement accordé, de manière que, durant seize ans, il en fut privé, par suite du mauvais vouloir de l'administration. Ce ne fut qu'en 1852 qu'il entra en jouissance de son droit, lorsqu'une administration plus scrupuleuse le lui eut fait connaître. Toutefois, ses émoluments aux Quinze-Vingts (où le service est paroissial et plus exigeant que celui des hospices civils) étaient, à raison de la nullité du casuel, de 12 à 1800 francs, inférieur à ceux des premiers aumôniers d'hôpitaux. Il le fit enfin remarquer, et, par décision ministérielle de 1854, son traitement fut élevé à deux mille francs.

H. Il n'en est pas des Aveugles retirés aux Quinze-Vingts comme des fidèles dans une paroisse, ou des malades reçus en passant dans un hôtel-Dieu. Aucune espèce de casuel ne peut être exigé des dits Aveugles, parmi lesquels il y en a peu pour qui l'offrande du pain bénit ne soit onéreuse. La naissance d'un enfant est pour eux une nouvelle charge ; la maison leur octroyant alors un secours extraordinaire, il ne conviendrait pas que le chapelain exigeât, ou même permît qu'on lui offrît quelque chose, à l'occasion du baptême. Si les Aveugles, ou leurs enfants, se marient, ils ont des déboursés qu'ils ne peuvent éluder et qui presque toujours absorbent leurs petites économies ou nécessitent un emprunt. La maison ne leur passe rien en cette circonstance ; raison de plus pour que le chapelain ne les force pas à une dépense extraordinaire. Si l'Aveugle perd quelqu'un des siens, il paye à la mairie les frais de sépulture, dont la maison lui fait volontiers l'avance, et qu'il est tenu de rendre ; ce qui souvent le met à la gêne pour plusieurs mois. Quand l'Aveugle vient à mourir, les survivants n'ont plus les avantages qu'ils retiraient de son prêt : ils se trouvent réduits à une allocation insuffisante pour vivre, laquelle, du reste, ne leur est assignée qu'à titre de secours. Il n'est donc pas plus possible d'établir, dans la maison, un droit sur les enterrements que sur les autres actes du ministère pastoral. C'est pour cela que le chapelain supprima toutes les offrandes, le casuel et les autres choses qui existaient avant 1830. Voulant, en outre, que tous les membres de l'établissement pussent s'asseoir gratis dans la nef de l'église, il céda à la loueuse des chaises tout le produit qu'elle pourrait retirer des étrangers qui fréquentent les offices. La gratuité est maintenant d'usage aux Quinze-Vingts pour les baptêmes, les relevailles de couches, les mariages et les enterrements.

I. L'administrateur-général avait commencé, par le personnel de la chapelle, les réformes économiques dont il avait consigné le projet dans un rapport approuvé de confiance par le ministre, et il pouvait les continuer sans obstacle. Il retrancha : 1° cinq francs sur le secours extraordinaire de 25 francs dont on gratifiait l'Aveugle à la naissance d'un enfant ; 2° cinq francs aussi, sur 25 autres francs qu'on lui octroyait lors de la première communion de l'enfant ; 3° cinquante francs annuellement concédés aux Aveugles octogénaires, à cause des soins réclamés par leur âge et les infirmités qui en sont la suite ; ceux de cette classe étaient alors au nombre de cinq, dont deux, ne quittant presque plus leur lit, avaient besoin d'une garde. Les renvoyer à l'infirmerie leur aurait été funeste. Ils réclamèrent, mais sans succès. Parmi les réformes sanctionnées par le ministère, se trouvait la vente des vases sacrés, des ornements et du mobilier de la chapelle. L'administrateur-général les fit inventorier, recommandant expressément au chapelain de ne retenir que les objets strictement nécessaires et de la moindre valeur. Le directeur de l'établissement fut chargé de veiller à l'exécution rigoureuse de ces ordres. Aussi, l'estimation de tout ce qui fut retiré de la vente, argenterie, cuivre, ornements et linges, tant pour la chapelle de l'hospice que pour celle de l'infirmerie, ne s'éleva pas au-dessus de 1524 francs. C'était là l'évaluation portée sur l'inventaire qu'avait dressé le commissaire-priseur. Du reste, il fut décidé que la vente se ferait aux enchères. Le chapelain se rendit dans les bureaux du ministère, fit comprendre que cette vente, dans les circonstances présentes, préjudicierait aux intérêts de la maison des Aveugles, en ce que personne n'était disposé à acheter des articles d'église, et que la vente à l'encan serait un acte sacrilége déshonorant pour le gouvernement. On lui donna la certitude qu'elle n'aurait pas lieu, parce qu'on ne la ferait pas approuver par le ministre. On ignorait qu'elle l'était. Malgré cette promesse sincère, la vente fut affichée dans tout Paris, et suivit son cours, les 15, 16 et 17 novembre. Ce fut une véritable donation. A peine l'argenterie, qui était dans le plus bel état de conservation, fut-elle cédée pour l'équivalent de son poids ; l'argenterie vermeille fut livrée au-dessous de sa valeur réelle. Ainsi, le vicaire de la paroisse St-Antoine acquit, pour 800 francs, un ostensoir qui fut reconnu renfermer 900 francs de matières quand il le présenta au contrôle. Il en fut de même non-seulement des ornements dont à peine on acquita le prix intrinsèque, mais encore des galons, et du cuivre doré, dont souvent on ne paya pas l'or qui les recouvrait. Le chapelain, justement indigné, publia, sous le voile du pseudonyme, dans *la Quotidienne*, un article pour flétrir une pareille conduite. On apprit alors, aux Quinze-Vingts, que tout ce que faisait l'administrateur-général avait été accepté d'emblée en haut lieu, sans que l'on se doutât le moins du monde de ce qu'étaient ses innovations prétendues économiques. Le ministre manda le directeur, et le tança vertement de ce qu'il avait laissé s'accomplir une semblable vente. Avec un peu plus de courage ou de fermeté, n'aurait-on pas pu empêcher des réformes si désastreuses ?....

J. L'une des réformes les moins judicieuses, à mon avis, fut la suppression des écoles. L'Aveugle, ne pouvant pas surveiller l'éducation de ses enfants, et son conjoint ne pouvant pas le suppléer en cela, l'administration doit nécessairement se charger de ce soin. Elle avait prescrit le placement des enfants, dès l'âge de sept ans, sous l'ancien régime, alors qu'on donnait, dans des écoles primaires fort peu nombreuses, une instruction peu appréciée. Quand régnèrent d'autres idées, elle s'empressa d'établir des écoles, auxquelles elle préposa des maitres capables d'enseigner ce qui pouvait être utile aux jeunes élèves. Il y avait, à cette époque, aux Quinze-Vingts, 50 à 60 enfants. Deux écoles, l'une pour les garçons, l'autre pour les filles , réunissaient les sujets qui étaient en âge de recevoir l'instruction primaire. Elles étaient si bien tenues, que la conduite des élèves fut toujours reconnue irréprochable. Le maître et la maîtresse recevaient 800 francs de traitement. La dépense de chacune des deux écoles, chauffage compris, pouvait se monter de 150 à 200 francs. L'administrateur-général, trouvant que c'était trop pour les enfants des Aveugles, renvoya l'instituteur et l'institutrice, et décida que les enfants seraient conduits aux écoles communales par l'un des employés de l'administration. On les y fit conduire, en effet, pendant quelques mois ; ensuite on les y laissa aller seuls. En prenant cette décision , l'administrateur-général n'avait pas considéré que plus de la moitié des élèves, qui suivaient l'enseignement des Quinze-Vingts, n'étaient pas d'âge à être admis aux écoles communales, et embarrassaient beaucoup leurs parents. Il ouvrit alors une salle d'asile pour la maison et le quartier, en chargea l'ancienne maîtresse d'école assistée d'une surveillante ; congédia, pour avoir une issue de cette salle sur la rue, un locataire qui payait 3 à 400 francs de loyer, de sorte que l'hospice se trouva grevé d'environ 1400 francs de dépenses pour l'éducation des enfants, et n'eut point d'école. Peu d'enfants du quartier profitaient de l'avantage que leur offrait l'asile en question, établi aux Quinze-Vingts, attendu que celui de la commune, qui n'était qu'à quelques pas de là, était mieux situé et mieux dirigé. D'un autre côté, l'administration qui vint après, voyant qu'il n'était pas raisonnable de dépenser plus que ne coûtait l'école des filles, et de ne pas avoir d'école, rétablit l'école des filles, qui depuis n'a pas cessé d'exister. Celle des garçons est restée supprimée, bien que son rétablissement ait été délibéré plusieurs fois, surtout à l'époque où les enfants se trouvaient encore en assez grand nombre aux Quinze-Vingts.

K. L'administrateur général n'était pas de force à comprendre combien était sage l'organisation de la maison fondée par S. Louis. Selon une de ses expressions, celle-ci lui paraissait n'être qu'une ménagerie dans laquelle on nourrissait et l'on faisait produire des animaux. Convaincu que le mieux serait de supprimer l'établissement, il fit partager ses idées aux bureaux du ministère de l'intérieur, où l'on s'occupait beaucoup plus de lui être agréable que d'étudier les rapports émanés de sa plume. La suppression des Quinze-Vingts fut arrêtée en principe. Il fut décidé qu'on demanderait aux chambres l'autorisation de ne plus nommer aux places vacantes; qu'à tous ceux qui voudraient sortir de la maison ou se retirer chez eux, on accorderait l'allocation qui leur était passée, augmentée de tout ce que pouvaient leur valoir les avantages auxquels ils avaient droit; et que, dès l'instant où le nombre des Aveugles, habitants dans l'hospice, se trouverait assez réduit pour qu'on ne pût plus raisonnablement tenir à conserver l'établissement, on solliciterait la faculté de le vendre. Le comte de Rambuteau, préfet de la Seine et député de Seine-et-Oise, à qui des instructions avaient été données en ce sens, représenta (1) les Quinze-Vingts comme mal conçus et mal organisés. On y dépensait beaucoup, disait-il, sans profit véritable pour l'Aveugle. Il demanda aux chambres la suppression des admissions à l'internat, afin de pouvoir élever successivement le taux des pensions externes et en accroître le nombre. Lorsque le *Moniteur* apporta cette triste nouvelle aux Quinze-Vingts, la consternation y fut générale. Le chapelain qui, en 1831, n'avait pu obtenir d'aucun journal l'insertion de quelques lignes en faveur de cette maison, crut qu'il fallait mettre celle-ci sous la protection d'un grand nom, pour que l'on donnât de la publicité à ses justes réclamations. S'adressant au vicomte de Chateaubriand, il le pria de se déclarer le défenseur de l'œuvre de S. Louis, s'engageant à lui fournir tous les documents à l'appui. L'illustre écrivain lui répondit, le 30 janvier 1832, que l'on voulait détruire tout ce qui avait une origine ou un caractère religieux; que rien n'empêcherait les Quinze-Vingts de subir ce sort, et que, d'ailleurs, personne n'était mieux en état que ledit chapelain de prendre leur défense (2). Si ce dernier était en état de soutenir la cause en question, n'étant resté dans la maison des Aveugles que pour leur être utile, il n'était pas en position de se faire écouter. Mais, se voyant dans la nécessité de plaider lui-même contre les adversaires de cette belle institution, il ne craignit pas de se mettre sur la brèche et de lutter contre ses supérieurs dans l'ordre civil, pendant qu'il était déjà l'antagoniste de l'archevêché de Paris, pour conserver intacts les priviléges ecclésiastiques de sa chapelle. Il composa une réponse courte et serrée, sous ce titre : *Un mot sur la partie du Rapport de M. de Rambuteau qui est relative à l'hospice des Quinze-Vingts Aveugles* (3). Les Aveugles firent les frais de l'impression, et l'on eut soin de l'adresser au ministère, à l'administrateur-général, au préfet de la Seine (le comte de Rambuteau) et à tous les pairs et députés. Craignant avec raison que ce mémoire ne fût pas lu par ceux à qui on l'envoyait, ou du moins que nul, après en avoir pris connaissance, n'entreprît de combattre les projets ministériels, le chapelain en fit parvenir un exemplaire à la reine Amélie, accompagné

---

(1) Dans son rapport sur le budget du ministère de l'intérieur, pour l'année 1832.

(2) On peut lire la lettre qu'adressa M. de Chateaubriand à l'abbé Prompsault, en cette circonstance, dans la *Notice biographique et littéraire* sur cet abbé, par M. Victor Advielle (Pont-Saint-Esprit; 1862, in-8°, p. 30`.

(3) Ce mémoire est donné *in extenso*, sous forme d'*Appendice*, à la fin de ce volume. Publié en 1832 (Paris, imprimerie Casimir, in-8° de 12 pages), il a été reproduit en 1862 par M. Victor Advielle, dans sa notice biographique et littéraire sur l'abbé J.-H.-R. Prompsault (pages 165-173).

d'une lettre par laquelle il la suppliait de vouloir bien le lire, et de placer, sous sa protection spéciale, un établissement que la famille d'Orléans avait couvert de son égide ; dans lequel l'aïeule du roi son époux avait fait des fondations religieuses que l'on acquittait encore ; que tous les rois de France s'étaient plu à faire fleurir, et que le roi actuel ne pouvait laisser anéantir. Il pria l'aumônier de Sa Majesté, le vénérable abbé Guillon, si simple, si bon, si érudit et si mal traité par quelques personnes, de remettre lui-même le mémoire en question et de recommander de vive voix la cause des Aveugles ; ce qu'il fit avec le plus grand empressement et le plus heureux succès. La reine ayant lu l'écrit du chapelain, en parla au roi qui manda le ministre, le lui remit et le chargea de l'examiner, et, dans tous les cas, de renoncer au projet de suppression. Le ministre fit écrire immédiatement à l'administrateur-général des Quinze-Vingts, qu'il croyait alarmé, afin de le rassurer ; et lorsque son budget fut discuté, il monta à la tribune pour déclarer que l'on avait rejeté le dessein relatif à l'hospice des Aveugles. C'est alors qu'on put voir comment certains hommes traitent les affaires. L'administrateur-général, apprenant ce qui se passait, vint au dit hospice, demanda un exemplaire du mémoire, bien qu'il eût été un des premiers à le recevoir. Il ne s'était pas donné la peine de le lire, et n'avait pas même jugé à propos de le conserver. D'un autre côté, aucun des rédacteurs des journaux auxquels le chapelain avait adressé sa réfutation avec la lettre qui suit, n'eut le courage de les publier :

« M. le Rédacteur,

» Au moment où l'attention des députés est entièrement absorbée par la discussion des intérêts matériels de la France, on leur demande la suppression de l'hospice royal des Quinze-Vingts Aveugles, et, pour les engager sans doute à autoriser plus facilement cet acte de vandalisme, on le leur fait envisager sous un jour économique.

» L'hospice des Quinze-Vingts, fort peu connu des écrivains qui ont fait l'histoire de la ville de Paris, est un monument élevé, dans le moyen âge, à la gloire des armées françaises, et qui n'a de gothique que son nom.

» S. Louis le fonda, à son retour d'Egypte, pour honorer la mémoire de trois cents chevaliers qui, fidèles à leur Dieu comme ils l'avaient été à leur roi, aimèrent mieux perdre la vue que d'apostasier. Il le dota de 30 livres parisis de rente, prises sur ses biens personnels *(bonis propriis)*, et non sur ceux de l'Etat. La bienfaisance chrétienne a fait le reste.

» Les rois, successeurs de S. Louis, prirent cet hospice sous leur protection spéciale, et le comblèrent de faveurs.

» Respecté par les démolisseurs de 1793, faudra-t-il qu'il soit détruit en 1832, par un système d'économie mal conçu ? On peut répondre : pourquoi pas, si les abus signalés par M. de Rambuteau existent? Mais ces abus n'existent pas ; mais son projet d'amélioration est le plus vicieux qu'on puisse proposer ; j'en ai la conviction, et j'espère la faire partager à ceux qui liront ma réponse.

» Je désirerais, M. le Rédacteur, que les sentiments dont je suis animé pussent vous déterminer à insérer cette lettre dans votre journal, et à faire usage de ma petite brochure. Plaidant la cause de l'humanité, et demandant la conservation d'un monument dont la France peut à bon droit s'énorgueillir, puisqu'il est le seul de sa nature dans l'univers, il me paraît que je dois rencontrer sans peine quelqu'un qui sympathise avec moi. »

L. Ce qui venait de se passer avait servi, du moins, à attirer l'attention du roi sur les Quinze-Vingts, et avait donné à l'intrépide défenseur de leurs droits un appui qui ne fut pas inutile. Le curé de la paroisse jalousait leur chapelle, dont il ne supportait qu'avec peine le contact. Il voulait, disait-il, être maître chez lui, et pressait la ville de lui fournir une autre église (1). Ces tentatives, vraies ou simulées, de séparation, dérangeaient les plans économiques de l'administrateur-général. Il offrit d'isoler l'église et de la séparer complétement de l'établissement. Pour avoir le consentement du ministre, il lui adressa un rapport, à la suite duquel l'autorisation fut accordée. Mais, cette fois encore, le chapelain formula ses observations et ses réclamations auprès du ministre, et il obtint qu'une porte de communication serait laissée entre l'hospice des Quinze-Vingts et la chapelle, de manière que les Aveugles pussent continuer à venir dans celle-ci, sans être contraints de sortir et d'y arriver, comme les paroissiens, par la rue Charenton. Contrarié de ce côté et toujours poursuivi par la paroisse, à laquelle elle voulait avant tout ne pas déplaire, l'administration conçut alors le dessein de transporter le service religieux de la maison dans la chapelle de l'infirmerie. Elle avait été pour cela autorisée par le ministre. Elle y faisait préparer un logement pour le chapelain, lorsqu'un hasard providentiel fit tout découvrir à ce dernier. De suite, ayant levé le plan de l'infirmerie, il rédigea un mémoire pour montrer son insuffisance et son défaut de convenance. Le chef de division, auquel il porta et expliqua son travail, sentit que l'on avait été trompé, et détermina le ministre (M. Thiers) à venir visiter lui-même les lieux. L'arrivée de ce fonctionnaire aux Quinze-Vingts leur fut grandement avantageuse,

---

(1) La paroisse Saint-Antoine n'ayant pas d'église spéciale, le curé faisait alors, comme il fait encore aujourd'hui, son service paroissial dans la chapelle des Quinze-Vingts, pour le loyer de laquelle elle sert à ceux-ci une rente de 5 à 6000 francs. — Voir ce qui a été dit ci-dessus, dans le cours du présent chapitre, aux paragraphes D [premier alinéa] et F [à la fin].

non-seulement en ce qu'elle fit abandonner tout-à-fait le projet, mais en ce qu'elle fit cesser ce régime de réduction mal entendu, et força l'administration d'entrer dans la voie des améliorations, d'où elle s'était éloignée.

M. Durant cette visite, le ministre ayant demandé ce que l'on pourrait faire pour occuper un peu les têtes oisives des Aveugles, le chapelain lui répondit qu'à son avis, le mieux serait d'organiser une musique religieuse et une salle de lecture. La musique serait, pour les plus intelligents d'entre eux, une source de légitimes sensations, et la lecture, sagement dirigée, fournirait à quiconque voudrait en profiter des sujets de conversation utile. Il ne demanda, pour la musique, qu'une somme annuelle de mille francs, qui fut accordée et incontinent inscrite au budget, par décision ministérielle. Le chapelain en fit lui-même la répartition, et l'administrateur-général arrêta, le 3 octobre 1833, que cette allocation de mille francs serait dépensée conformément à cette répartition.

N. Mgr Affre, alors archevêque de Paris, prié par le chapelain d'autoriser par écrit le service religieux, tel qu'il était fait par les Aveugles et que l'avait approuvé de vive voix le prédécesseur de ce prélat, en 1831, s'empressa de condescendre à ce désir, le 9 octobre 1840 (1). Cet office des Quinze-Vingts, qui est devenu le propre de leur chapelle, quoique extrêmement réduit eu égard à ce que porte la liturgie parisienne suivie de tout temps dans leur maison, ne laisse pas que de former un répertoire très-chargé, pour des gens qui n'ont d'autre livre que leur mémoire, et quelques feuilles volantes pointées à l'usage de ceux qui peuvent lire avec les doigts. Il serait bon qu'on pût maintenant réunir toutes ces pièces en un volume, et qu'on en tirât autant d'exemplaires qu'il y a d'employés non voyants à la chapelle. Dans tous les cas, on doit comprendre la nécessité des suppléants. Ils apprennent peu à peu, et sans qu'il leur en coûte, tout ce qu'un chantre est obligé de savoir.

O. Du relevé des fondations, fait par le chapelain en 1830, et adressé à l'archevêque de Paris le 20 octobre 1840, il résulte que, depuis 1275, époque de la fondation qui paraît être la plus ancienne, jusqu'en 1661, année où commencèrent les réductions, il avait été fondé au moins 3706 messes, et que, de 1661 à 1783, il en fut établi au moins 2165 nouvelles, toutes à perpétuité comme les précédentes. Il n'y eut jamais de registre spécial pour les y consigner ; on les oubliait à un tel point,

____

(1) Deux jours auparavant, l'abbé Prompsault avait adressé son rapport à l'archevêque de Paris, sur cet objet. [Voir pages 119-124 de la *Notice* précitée de M. V. Advielle].

que les états dressés depuis 1661 n'en portent le nombre qu'à 1722, tandis qu'il a dù être de plus de 2165. Le chapitre entreprit de réduire celles dont on ne connaissait pas les titres, ou dont les fonds s'étaient perdus. Le cardinal de Rohan réduisit à quatre services annuels à peu près toutes celles qui étaient antérieures à 1661. Sous la Restauration, sur le rapport du chefcier, elles furent réduites à 900 messes (y compris 28 services anniversaires et une messe du St-Esprit), et à 38 saluts. Ces fondations ont été respectées en 1830. Le chapelain dit 300 messes, parmi lesquelles sont les 28 anniversaires et la messe du St-Esprit. Il acquitte pareillement les 38 saluts, et de plus, les dimanches libres, il chante le salut pour tous les bienfaiteurs. Quant aux 600 messes fondées qui restent, l'administration s'est réservé le droit d'y satisfaire, en employant qui bon lui semble.

P. A la suite de sa visite aux Quinze-Vingts, M. Thiers ordonna de rédiger un règlement conforme à leurs statuts, et adapté à leur administration actuelle. Ce règlement, qu'il arrêta et publia, le 31 décembre 1833, pour être exécuté dès le 1er janvier 1834, est empreint de cet esprit de bienveillance et de conservation dont il s'était montré animé lors de sa venue à l'hospice. Il se divise en quatre chapitres relatifs, le premier à l'administration générale, le second au nombre et régime des Aveugles, le troisième à la police; le quatrième, qui contient des dispositions générales, est suivi des articles des anciens statuts, concernant la succession des Aveugles (1).

(1) Pour abréger, je m'abstiens de donner ici le résumé de ce règlement, ainsi que les observations fort intéressantes dont on pourrait l'accompagner. Je me bornerai à dire que, pour la rédaction de certains articles, on tint compte de la plupart des judicieuses remarques du chapelain.

CHAPITRE VII (1841-1854).

A. Un incident survenu dans l'administration des Sourds-Muets amena
une nouvelle transformation dans l'administration civile des Quinze-
Vingts. Le ministre avait nommé aux Sourds-Muets un directeur, que
l'administration ne voulut pas recevoir et qui ne put être installé,
parce qu'elle fit apposer les scellés sur ses bureaux ; ce conflit devenait embarrassant et même compromettant. Afin de sortir sans scandale
et sans honte des difficultés qu'il venait de se créer pour satisfaire à
des exigences politiques, le ministre ne vit rien de mieux que d'anni-
hiler habilement le pouvoir de cette administration, sans qu'elle eût
le droit de réclamer ni même de se plaindre, et, par la même occasion,
celui des autres conseils administratifs qui régissaient des établissements
sous leur autorité. Il lui vint l'idée d'établir une administration supérieure commune nommée par le roi, laquelle n'aurait qu'à surveiller,
avec le ministre, des administrations particulières nommées par celui-
ci. Il fit consacrer cette idée par une ordonnance royale régulièrement
constitutionnelle, qui, rendue le 21 février 1841, en exécution des lois
du 28 octobre 1790, 21 juillet et 28 septembre 1791, etc., porte que
l'hôpital royal des Quinze-Vingts, la maison royale de Charenton, l'institution royale des Sourds-Muets de Paris, celle des Jeunes-Aveugles, celle
des Sourds-Muets de Bordeaux, établissements généraux de bienfaisance
et d'utilité publique, et tous les établissements analogues qui pourraient
être ultérieurement formés, seront administrés sous l'autorité du ministre
de l'intérieur et sous la surveillance d'un conseil supérieur, par des
directeurs responsables, assistés de commissions consultatives ; que le
conseil supérieur sera composé de vingt-quatre membres nommés par
le roi, et d'un secrétaire nommé par le ministre ; qu'il se réunira sur
la convocation du ministre et sous sa présidence ; que ses membres,
renouvelés par sixième tous les deux ans, pourront être renommés ;

qu'ils donneront leurs avis sur les budgets et les comptes de chaque établissement, les rapports généraux du directeur, les projets de constructions et de grosses réparations des bâtiments, les acceptations des legs et donations et les questions contentieuses, les règlements pour l'administration intérieure de ces maisons, et, en outre, sur tous les objets à l'égard desquels ils seront consultés par le ministre; qu'il sera créé, près de chacun des établissements généraux de bienfaisance et d'utilité publique, une commission consultative de quatre membres choisis par le ministre, renouvelés tous les ans par quart, conformément aux règles suivies par les commissions administratives des hospices, etc; que le directeur chargé de l'administration intérieure, exercera aussi la gestion des biens et des revenus de l'établissement; qu'il assurera l'exécution des lois et règlements, et correspondra directement avec le ministre; que la comptabilité et le régime économique seront confiés à un agent comptable qui fournira cautionnement, conformément aux ordonnances des 6 juin 1830 et 29 novembre 1831........; que tout ce qui concerne l'administration intérieure sera déterminé par un règlement spécial, arrêté par le ministre, sur l'avis du conseil supérieur; que les ordonnances du 31 octobre 1821 et du 29 novembre 1831, sur la comptabilité des hospices, seront applicables aux établissements de bienfaisance et d'utilité publique.

B. En vertu de cette ordonnance, les Quinze-Vingts, la maison de santé pour les aliénés, les maisons d'éducation pour les Jeunes-Aveugles et les jeunes Sourds-Muets, furent placés sous la surveillance du même conseil, comme il se trouvait déjà dans les attributions du même bureau au ministère de l'intérieur. Absolument parlant, cela peut se faire; mais les établissements ainsi dirigés y perdent de diverses façons, d'abord parce qu'étant chacun de nature différente, les hommes propres à régir l'un d'eux ne le sont pas toujours à régir les autres; ensuite parce que, dans un conflit d'intérêts, on peut aisément sacrifier mal à propos l'un à l'autre. C'est surtout ce à quoi les Quinze-Vingts sont exposés. On est porté à regarder cet asile comme moins utile que celui des aliénés et les maisons d'éducation, quoiqu'un aveugle, qui jouit de toutes ses autres facultés et ne peut à raison de son infirmité en utiliser aucune, soit certainement plus à plaindre dans son dénuement, qu'un individu privé de la raison et du sentiment de douleur qui rend si malheureux. Au premier abord, on croirait, ainsi que le pensait Haüy, que, par l'éducation, l'aveugle parviendrait à se suffire. L'expérience a démontré le contraire. L'éducation développe ses facultés intellectuelles et morales, mais ne suppléera jamais à ce que la perte de la vue lui a

ôté. Il est très-peu de sujets qui, au sortir de l'institution où l'on a dépensé beaucoup pour eux, soient en état de se passer de l'assistance publique. Tous ont plus ou moins acquis le moyen de se distraire, service
important rendu à l'humanité souffrante, mais qu'on ne saurait comparer
aux rapports de sociabilité qui s'établissent aux Quinze-Vingts, ni aux
avantages qui en découlent pour le bonheur de ceux à qui cet hospice
est consacré.

Le régime de comptabilité pour les hôpitaux ne saurait pas plus être
appliqué à la maison des Quinze-Vingts, qu'aux autres établissements
généraux. Celle des Quinze-Vingts est très-simple et tout autre que celle
des hôtels-Dieu. L'ordonnance précitée prépose à la direction des Quinze-
Vingts un fonctionnaire qui ignore complétement leurs statuts et leurs
besoins, et qui, révocable à volonté, ne peut rien entreprendre d'avantageux ni de durable. Une direction de ce genre est grave, non-seulement en ce qu'il y a à faire pour les Aveugles personnellement, mais encore pour élever leurs enfants. Le directeur, n'étant plus qu'un agent ministériel, perd de sa dignité au préjudice de l'établissement ; car, outre que
sa position ne peut plus l'attacher autant à la maison, il en résulte qu'il
faut le dédommager pécuniairement de ce qu'on lui ôte en considération.
Mais, ce qui est plus fâcheux, c'est que, n'osant mécontenter en rien le
bureau du ministère, il peut lui arriver de se croire dans la nécessité de
ne pas agir sans le consulter : ce qui est non moins compromettant pour
ce bureau que nuisible à une bonne administration. Enfin, à la haute
direction du souverain, l'ordonnance substitue la haute surveillance du
ministre, et réduit peu loyalement l'influence de la couronne à l'impossibilité d'opérer le bien de la communauté. Le ministre est trop affairé pour
surveiller lui-même des œuvres de bienfaisance que la loi a mises dans
ses attributions. Chacun des membres du conseil supérieur, étant isolé-
ment sans pouvoir, doit être porté à ne s'occuper de rien ; car il ne
pourrait ce qu'il voudrait. D'ailleurs, le ministre les tient tellement à
sa disposition, qu'il dépend toujours de sa volonté de les réduire à ne
rien pouvoir étudier, rien connaitre, ni rien réformer. Il y aurait à
examiner, à l'endroit des Quinze-Vingts, si le roi a eu l'intention de se
dépouiller d'un droit que ses prédécesseurs avaient conservé, et que
les dispositions législatives de 1789 avaient laissé à l'autorité suprême.

c. Un nouveau règlement d'administration devenant indispensable,
on s'occupa immédiatement au ministère de le rédiger. On mit cinq ans
à ce travail. Dressé sur le vu des statuts et règlements antérieurs, il
fut présenté à la commission consultative, délibéré par le conseil supérieur des établissements généraux de bienfaisance, enfin soumis à l'appro-

bation du ministre de l'intérieur qui le publia le 1er octobre 1846. Il est en 80 articles et formé de dix chapitres. Dans le chapitre premier, on énonce que le but de l'hospice des Quinze-Vingts est de venir en aide aux aveugles français, adultes et indigents, de l'un et de l'autre sexe; que ses pensionnaires se divisent en internes et en externes; que ces derniers reçoivent des secours annuels en argent, et que les internes jouissent, indépendamment de l'habitation dans la maison, de certains avantages tant en nature que pécuniaires; que, parmi les secours annuels, il y en a de première classe (200 francs), de seconde (150 francs) et de troisième (100 francs); que les nominations, soit dans une des classes des secours annuels, soit dans l'hospice, sont faites par le ministère de l'intérieur sous les conditions exprimées dans le chapitre suivant. Je n'ai pas à m'occuper de la rédaction de ce règlement, laquelle me paraît laisser beaucoup à désirer : je ne parlerai que du fond. En disant que, depuis sa fondation, l'hospice a été ouvert à tous les aveugles français par leur naissance ou par leur résidence, je ne pense pas que le ministre ait eu l'intention d'écarter l'étranger qui, étant venu s'établir en France et y ayant perdu la faculté de voir, est plus digne d'intérêt qu'un autre, lorsqu'il se trouve sans parents et sans amis. L'idée de présenter les Aveugles comme des pensionnaires, part d'un bon sentiment, mais elle n'est pas exacte. Les Aveugles internes sont des membres d'une communauté, qui vivent de revenus communs, suivant la répartition qui leur en est faite par les statuts; tandis que les Aveugles externes sont de simples assistés, touchant, sur les fonds de l'établissement, un secours annuel et fixe. Le rédacteur du règlement s'en est très-bien souvenu dans les autres chapitres.

D. Le chapitre II, relatif aux conditions d'admission, porte que pour avoir droit aux secours annuels de la maison, il faut être Français, âgé de 21 ans au moins, et justifier par certificat que l'on est indigent et atteint de cécité complète et incurable; que le certificat de cécité doit être délivré par un docteur en médecine qu'a désigné le préfet ou le sous-préfet; qu'il faut avoir joui, pendant un an, du secours de 3me classe, pour arriver à celui de deuxième, duquel on ne peut passer à celui de première qu'après un an de jouissance; que tout Aveugle pensionnaire admis à demeure dans un hospice du royaume, cessera de recevoir les secours qu'il avait sur les Quinze-Vingts, si son admission dans cet asile est gratuite; que, pour parvenir à l'internat, il faut se trouver dans la classe de ceux à qui l'on accorde 200 francs de secours annuels, et être âgé de 30 ans au moins; que les anciens élèves de l'institution des Jeunes-Aveugles ne pourront être admis aux Quinze-

Vingts qu'à l'âge de 40 ans, sauf le cas d'infirmités accessoires qui les empêcheraient d'exercer la profession dont ils ont dû faire l'apprentissage ; que tout Aveugle admis à l'internat, qui préférera rester hors de l'établissement, recevra un secours annuel de 250 francs ; que tout Aveugle, soit interne soit externe, cessera d'avoir part aux secours annuels, s'il n'est plus dans l'état d'indigence qui a motivé son entrée ; mais qu'il sera statué à cet égard par le ministre, sur le rapport du directeur et sur l'avis de la commission consultative ; que tous les trois mois, le directeur remettra au ministre le rôle des vacances, pour qu'il soit pourvu au remplacement des Aveugles décédés ou démissionnaires ; qu'aucun Aveugle n'aura l'internat, si ce n'est à la condition d'indemniser la maison des frais de tout genre qu'elle aura faits pour lui ; et que, s'il y a lieu, le montant de ces dépenses sera établi en prenant pour base les résultats des comptes officiels fournis annuellement par l'administration ; qu'avant d'admettre un Aveugle à résider dans l'hospice, le directeur devra recevoir de lui, devant le maire de l'arrondissement, en présence de deux témoins sachant signer, une déclaration qu'il lui a été fait lecture du règlement, et qu'il se soumet à toutes ses dispositions, notamment à celle du présent article ; que les Aveugles admis à l'internat seront visités, à leur entrée, par le chirurgien, en présence du directeur, et que cette visite portera sur les points indiqués par le certificat du médecin, exigé par l'article 6 ; qu'au moment de leur admission, les Aveugles internes seront inscrits sur un registre matricule contenant, pour chacun d'eux, la date de son entrée, ses noms et prénoms, la date et le lieu de sa naissance, la profession et le domicile de ses parents, et le procès-verbal de la visite prescrite par l'article précédent.

On crut agir raisonnablement en échelonnant les secours, et en obligeant les aspirants de passer de l'un à l'autre pour atteindre graduellement l'internat ; mais l'on se trompa. De même que pour beaucoup d'Aveugles un secours de cent francs suffit, ainsi plusieurs ne sauraient être convenablement secourus que par une admission immédiate. Qu'un officier supérieur, ou un dignitaire, n'ayant pour vivre que sa pension ou son traitement, vienne à mourir, laissant un enfant aveugle, sans autre patrimoine que l'honneur d'avoir servi l'Etat, à quoi serviront des secours annuels de 100, 150 et même 200 francs à un aveugle de cette catégorie ? Il faut, en ce cas, une admission immédiate et d'urgence, comme cela fut pratiqué pour la fille naturelle du général Brunet, et pour le fils du général Brayer, et devrait l'être pour plusieurs autres qui, étant dans le même cas, s'avilissent dans la misère, lorsqu'ils ne succombent pas de douleur.

L'âge de 21 ans ne devrait être exigé que de ceux qui ont leur père et mère ; car l'orphelin aveugle, qui ne possède rien, ne peut pas être traité plus durement que l'aveugle majeur. Pourquoi ne l'admettrait-on pas à l'infirmerie des Quinze-Vingts, dès qu'il a passé l'âge au-dessus duquel on ne peut plus le faire entrer à l'Institut des Jeunes-Aveugles ? C'est pour écarter les certificats de complaisance qu'on a exigé que le médecin examinateur et certificateur de la cécité, fût désigné par le préfet ou par le sous-préfet; mais, outre que cela donnerait lieu à des démarches plus longues et n'aboutirait à rien (car le préfet et le sous-préfet désigneraient toujours le médecin qui lui serait indiqué comme étant le plus près des lieux habités par l'aveugle), on n'empêchera jamais qu'on ne donne à une personne qui n'y voit plus assez pour gagner sa vie, une attestation de cécité complète et incurable, qu'elle réclame. Que veut-on que fasse un aveugle âgé de moins de trente ans, qu'il serait nécessaire d'admettre immédiatement aux Quinze-Vingts? Laissera-t-on mendier, jusqu'à ce qu'il ait l'âge voulu, un homme déchu d'une position sociale honorable? Je comprends l'exception pour les Aveugles sortant de l'Institut royal, où l'Etat a déjà dépensé pour eux trois ou quatre mille francs; quant aux autres, lorsqu'il est avéré qu'ils ont des droits à l'admission, et que les secours annuels donnés au dehors leur seraient insuffisants, on ne doit pas différer de les accueillir. Il vaut mieux assister efficacement, que d'assister de manière à ne pouvoir empêcher le nécessiteux de s'avilir ou de périr de faim. L'article qui prévoit la cessation de l'indigence, se concilie difficilement avec celui qui fait contracter par les Aveugles l'engagement d'indemniser l'établissement; de plus, il n'est bon qu'à les porter à aliéner leur avoir pour parvenir à dissimuler leurs revenus; il doit donc produire un effet contraire à celui qu'on en espérait. Mais il est aussi raisonnable qu'équitable qu'ils s'engagent à indemniser la maison, s'ils laissent de quoi, et jusqu'à concurrence de ce qu'ils laisseront à leur décès. Les revenus des Quinze-Vingts ne doivent point servir à former, ni à conserver des patrimoines.

E. Dans le chapitre III, sont énumérés les avantages dont fait jouir l'internat. A l'avenir, tout Aveugle interne recevra par jour un franc et 625 grammes de pain. De plus, tous les deux ans, on remettra, aux hommes, de 3 mètres 60 centimètres à 4 mètres de drap bleu, selon leur taille, et de 7 à 8 mètres de toile teinte, avec 18 francs pour les façons qui doivent être uniformes. L'Aveugle, que son état d'infirmité empêcherait de profiter du secours d'habillement, cessera d'en être gratifié. Ses enfants et son conjoint peuvent demeurer avec lui dans l'hospice. Toutefois, les garçons seront obligés d'en sortir à quinze ans, et les filles à vingt-un, s'ils ne sont spécialement autorisés, par décision ministérielle, à y rester plus longtemps. Les femmes d'Aveugles auront trente centimes par jour, quel que soit leur âge. Le même secours sera accordé aux maris d'Aveugles, mais seulement à l'âge de 60 ans, sauf une décision contraire du ministre, ou les cas d'infirmité grave constatés par le médecin de la maison. On donnera quinze centimes par jour aux enfants d'Aveugles, jusqu'à leur quatorzième année ; mais les secours de cette nature ne pourront s'élever à plus de 45 centimes par jour pour le même ménage, quel que soit le nombre d'enfants. Les veufs et veuves d'Aveugles, après dix ans de mariage, dont cinq de résidence commune dans l'asile, recevront (si, à la mort de l'Aveugle, ils sont âgés, les veufs de 70 ans, et les veuves de 50 ans au moins) 50 centimes par jour, secours qui cessera en cas de nouveau mariage ou d'entrée gratuite dans un hospice. Ils pourront être logés par tolérance, s'il y a des cabinets vacants...... L'Aveugle admis à l'internat, ou à l'externat, ne peut se marier qu'avec une personne voyante, après en avoir obtenu la permission du ministre de l'intérieur.

On voit ici un esprit différent de celui qui, jusque là, avait inspiré les diverses administrations des Quinze-Vingts. On a cherché partout l'intérêt de la maison plutôt que celui de ses habitants. La philanthropie, étroitement économe, a été substituée à la charité largement généreuse. Après avoir appelé les Aveugles des pensionnaires, on les traite en secourus, voulant qu'ils tiennent de l'établissement, et non d'eux-mêmes, le pain et le vêtement ; supprimant tous les secours extraordinaires, et réduisant ou dénaturant tous les secours ordinaires.

Ce règlement n'était pas encore publié, qu'il fallut le faire modifier en plusieurs points, tant il contrevenait aux statuts et aux usages de la maison, et était contraire au bien-être de ceux qui en font partie ! Quand il fut publié, il excita les murmures de tous et donna lieu à de nombreuses réclamations. Tout honnête homme sera indigné de voir cette restriction indirectement imposée au nombre des enfants que l'on permet à un ménage aveugle d'avoir. Au delà de trois, on les laisse complétement à sa charge. Non-seulement, le prêt des Aveugles est dénaturé par la substitution du secours en pain et en vêtements, à celui de la retenue faite pour le même objet, mais encore il est diminué. Ainsi, au lieu de un franc 2 centimes d'argent, il n'est passé que un franc. Les décomptes tournent au profit de la caisse ; ce qui ôte toute garantie d'achat consciencieux, et fait soupçonner le vol, soupçon que les administrateurs sont toujours enclins à concevoir souvent avec raison, à l'endroit des fournisseurs. Ce qui est également absurde et inique, c'est de supprimer l'habillement à l'Aveugle qui, par suite de son infirmité, ne peut en profiter ; mais cette infirmité ne devrait-elle pas être un motif de lui réserver en argent, ou de tout autre manière, la compensation des habits dont il ne doit pas se servir ? La suppression de l'allocation aux maris des femmes Aveugles, pendant qu'ils sont encore forts et valides, serait la réforme la moins déraisonnable ; cependant, si l'on avait été convaincu qu'il y a économie et garantie de moralité et de bon service à prendre dans la maison les employés subalternes, on n'aurait peut-être pas tenté cette réduction dont l'effet serait de rendre plus difficile, ou moins convenable, le mariage de la fille ou de la veuve non voyante. Bien loin de louer les restrictions mises à l'allocation passée aux veufs et aux veuves d'Aveugles, j'improuve celles qui existaient déjà, au moins en ce qui concerne les veuves qui, ordinairement, n'ont rien de plus à espérer après la mort de leur mari, et qu'une adminis tration intelligente cherchera à retenir et à employer dans l'établisse‑ ment, de préférence aux femmes qu'il faut faire venir du dehors. En étendant aux externes l'obligation d'obtenir du ministre la permission de se marier, on a voulu empêcher l'Aveugle de faire un choix peu acceptable, et d'amener aux Quinze-Vingts, où il pouvait prétendre, une femme qui ne conviendrait pas à la maison..

F. Le règlement de 1846 (chapitre IV) porte que l'hospice royal des Quinze-Vingts est administré conformément à l'ordonnance royale du 21 février 1844, sous l'autorité du ministre de l'intérieur, et sous la surveillance du conseil supérieur des établissements généraux de bienfaisance et d'uti‑ lité publique, par un directeur responsable, assisté d'une commission consultative dont les attributions demeurent réglées selon l'arrêté minis‑ tériel du 22 juin 1841 ; que cette même commission s'assemble, une fois par mois, dans une des salles de l'hospice, aux jours et aux heures qu'elle a déterminés annuellement dans sa première séance, sauf les cas où elle serait extraordinairement convoquée par son président ; que chacun des membres peut, quand il le jugera convenable, visiter l'éta‑ blissement et soumettre à la commission les observations qu'il aura recueillies sur les diverses parties du service ; que le registre des déli‑ bérations et celui des copies des lettres de la commission, cotés et para‑ phés par le président, seront tenus, si la commission consultative le requiert, par le commis attaché à la direction, et confiés à sa garde ; que le personnel administratif des Quinze-Vingts se compose d'un direc‑ teur, d'un receveur-économe, d'un commis de la direction, d'un commis‑ expéditionnaire, de deux sœurs hospitalières et d'un surveillant; qu'il y a de plus, dans la maison, un concierge, un infirmier, une infirmière, un garçon de bureau, un distributeur du pain et des bains; qu'il y a aussi un aumônier, un chirurgien et un architecte; que le ministère de l'intérieur nomme le directeur, le receveur-économe, le chirurgien et l'architecte, et nomme pareillement, sur la proposition du directeur, le commis de la direction et le commis-expéditionnaire; que tous les préposés et gens de service sont choisis par le directeur qui peut les révoquer; que celui-ci est chargé de l'administration intérieure de l'hospice et de la gestion de ses biens........; que le receveur économe perçoit les revenus et paye les dépenses..... etc., etc., etc.

Au soin avec lequel sont prévues et réglées les attributions du directeur et du receveur, on reconnaît quelqu'un à qui cette partie de l'administration devait être familière; mais il ne connaissait qu'imparfaitement le personnel administratif des Quinze-Vingts, car il y avait, comme il y a encore, deux concierges (un pour la maison et un pour la chapelle), deux balayeurs et un allumeur de réverbères. Il y avait aussi un médecin, trois sœurs (au lieu de deux), et un personnel de chapelle reconnu et payé par l'administration. Le rédacteur du règlement ne pouvait l'ignorer. Je pense qu'il a eu ses raisons pour commettre ces oublis. Il prévoyait le cas où des mesures seraient prises pour qu'il n'y eût plus d'enfants aux Quinze-Vingts, ou qu'il y en eût si peu, que l'école des filles devînt inutile; ce qui réduirait à deux le nombre des sœurs. Le médecin était peu aimé du directeur, qui à cet égard avait hérité de l'antipathie de M. C***. On croyait avoir trouvé naturellement le moyen de se débarrasser du docteur en supprimant sa place, ne voyant pas qu'il était absurde d'entretenir un chirurgien sans médecin, dans un établissement où l'on avait journellement l'occasion d'exercer la médecine, et très-rarement, pour ne pas dire jamais, la chirurgie; car chaque fois qu'il y a une opération à pratiquer, les habitants des Quinze-Vingts vont dans les hôpitaux spéciaux, afin d'y rencontrer des opérateurs plus habiles. L'omission du personnel de la chapelle tenait à l'arrière-pensée que l'on avait toujours de réunir ce service à celui de la paroisse. On voulait qu'il reposât tout entier sur une seule personne, afin de pouvoir effectuer plus aisément cette transformation. On s'est rapproché des hospices civils, en constituant le receveur des Quinze-Vingts économe, quoiqu'il n'ait à intervenir dans aucun acte d'économat, et que ses fonctions se bornent à recevoir l'argent et à le distribuer aux ayants droit.

G. Le règlement de 1846 statue que les habitants de l'hospice, infirmes ou malades, sont admis à l'infirmerie, sur l'avis du chirurgien, et avec l'autorisation du directeur; que le directeur, après avoir pris l'avis écrit et motivé du chirurgien, peut y faire transporter d'office les malades, les infirmes et les Aveugles qu'on ne pourrait, sans inconvénient, laisser seuls dans leur logement; que, dans ce dernier cas, la commission consultative en sera prévenue; que les Aveugles accueillis à l'infirmerie comme malades, subiront une retenue (de 60 centimes s'ils sont célibataires, et de 40 s'ils sont mariés) sur le secours journalier qui leur est alloué; que ceux qui seront admis comme infirmes ne recevront qu'une somme de six francs par mois; que l'admission à l'infirmerie des conjoints voyants entrainera pour eux la suppression du secours quotidien; que le chirurgien doit les soins gratuits tant aux Aveugles, à leurs conjoints et à leurs enfants, qu'aux employés et serviteurs de la maison.... — On peut être surpris, à bon droit, que dans un établissement où il n'y a qu'un chirurgien pour le département de la santé, le service soit médical. Mais j'ai fait connaître la raison pour laquelle on avait exclu le médecin, qui non-seulement est resté à son poste, mais qui a maintenant un adjoint. Le règlement de 1846 commet le soin de l'infirmerie à des sœurs hospitalières, c'est un hommage rendu à leur zèle et à leur intelligente charité. Il paraît ouvrir l'infirmerie à tous les hôtes de l'hospice : il suffit, pour y être admis, d'être autorisé par le directeur, sur l'avis de l'homme de l'art; néanmoins il le ferme implicitement aux enfants et aux gens de service, en ne les mentionnant pas lorsqu'il parle des retenues à faire sur les secours et gages qui leur sont accordés. Cette fois, on n'a pas oublié de mentionner les six francs par mois (à raison de 20 centimes par jour), qui sont remis aux infirmes demeurant à l'infirmerie. Le pouvoir qu'a le directeur de faire transporter d'office, dans ce dernier asile, les infirmes et les malades qui ne pourraient sans inconvénient être laissés chez eux, après avoir pris l'avis motivé et écrit du médecin, et en se réservant d'en donner connaissance à la commission consultative, est une disposition louable, dont on a rarement l'occasion d'user (surtout lorsque l'infirmerie est bien tenue), mais qu'il est utile de pouvoir appliquer, le cas échéant, sans encourir la responsabilité d'avoir exercé un acte de violence. Il suffit, du reste, que l'on sache que le directeur peut faire opérer ce transport d'office, pour qu'on ne le mette pas dans la nécessité d'y recourir. La sagesse des autres dispositions comprises dans ce chapitre du règlement, ressort d'elle-même, et je n'y insisterai pas.

H. D'après le même règlement, un aumônier, nommé conformément à l'ordonnance du 31 octobre 1821, est chargé du service religieux; il célèbre l'office divin chaque jour à 9 heures du matin, et administre les secours spirituels tant aux Aveugles internes et à leurs conjoints et enfants, qu'aux

employés et servants de la maison ; il ne peut introduire aucune retraite,
célébration de fêtes et autres exercices extraordinaires, sans le consentement du directeur ; il acquitte gratuitement les services qui sont à la
charge de l'établissement, et n'a droit à aucune indemnité en ce qui concerne son ministère auprès des malades. Les dépenses nécessaires à l'entretien de la chapelle et au service religieux sont portées, au budget
de l'établissement, par le directeur, sur la proposition de l'aumônier ;
elles sont acquittées sur des états certifiés par l'aumônier, vérifiés par
le receveur-économe et ordonnés par le directeur. Lorsqu'il y aura dans
la maison des Aveugles non catholiques, ils pourront satisfaire aux exi-
gence de leur culte, en se concertant, à cet effet, avec le directeur. Sans
que l'on ait besoin de le faire remarquer, on s'aperçoit, à la rédaction de cet article du règlement, qu'on n'a consulté ni l'autorité ecclésiastique, ni même le chapelain-aumônier. C'est accidentellement et pour
laisser l'église libre à la paroisse, que le service religieux du matin est
fixé à neuf heures. Il faudra nécessairement le mettre à dix et demie ou
à onze, lorsque le service de la paroisse cessera d'avoir lieu aux Quinze-
Vingts. On a passé sous silence les autres exercices paroissiaux qui, depuis l'origine de la maison des Aveugles, s'accomplissent dans leur chapelle. Je pense que cette omission, comme celle du personnel, qui cependant est assez nombreux (1), a été faite à dessein et en vue des réformes
dont j'ai parlé. L'ordonnance du 31 octobre 1821, à laquelle le règlement
se réfère pour la nomination de l'aumônier, veut que celle-ci soit faite
par l'évêque, sur trois candidats présentés par les commissions administratives (article 18) ; ce qui est tout simplement impraticable dans l'état
actuel du clergé en France, et n'a jamais été exécuté. De plus, cette
disposition est très-mal entendue, en ce qu'elle s'écarte complétement de
l'esprit des statuts ; aussi ne s'y conforma-t-on pas lorsqu'il fut question
de donner un successeur à l'abbé J.-H.-R. Prompsault, en 1855. L'archevêque de Paris proposa un candidat, que le ministre nomma et qui
fut immédiatement installé. En défendant à l'aumônier tout service religieux extraordinaire, sans le consentement du directeur, on est allé plus
loin qu'on ne voulait ; car on a accordé au directeur le droit d'empêcher la célébration d'un service, ou l'accomplissement d'un exercice
prescrit extraordinairement par l'autorité ecclésiastique. Je ne comprends pas le motif qui a pu porter à régler qu'aucune indemnité
ne serait octroyée à l'aumônier pour les services religieux que ses

____

(1) Il se compose, en effet, d'un sacristain, de six chantres, de deux suppléants, d'un
serpent, d'un organiste, d'un souffleur, de deux clercs, de quatre enfants de chœur, et de
vingt ou trente musiciens.

fonctions l'appellent à faire auprès des malades. Nulle part ces sortes de fonctions ne sont rétribuées ; elles ne peuvent même l'être en aucun lieu. On ne perçoit le casuel qu'à l'occasion des baptêmes, des mariages et des enterrements. C'est la première fois, depuis la fondation des Quinze-Vingts, qu'on s'est occupé des cultes dissidents. Sous S. Louis, cette question ne pouvait pas se présenter ; et, depuis la formation des communions protestantes, on avait cru que l'internat devait être exclusivement réservé aux catholiques. Il n'y a pas d'exemple que, sous l'ancien régime, on n'ait rien fait pour les juifs ni pour les protestants. De 1789 à 1815, on admettait tout aveugle, habile d'ailleurs à entrer, quelle que fût sa religion. Sous la grande-aumônerie, on exigea un certificat de catholicité pour l'internat. En 1830, on reçut indistinctement tous les aveugles dans la maison, à quelque culte qu'ils appartinssent. Il y eut alors, dans l'hospice, deux luthériens, dont un se retira après la mort de sa femme ; l'autre décéda dans l'établissement, fut visité par le ministre de sa croyance, et inhumé suivant le rit de son Eglise.

1. Le régime alimentaire de l'infirmerie était devenu si peu tolérable, qu'aucun vieillard ou infirme ne voulait se retirer dans cet asile. On organisa alors un régime pour les infirmes et les servants, pareil à celui qui existe dans la plupart des pensionnats de jeunes étudiants. Celui des sœurs infirmières était semblable à celui que les maîtres et professeurs ont dans ces maisons. La dépense de l'infirmerie en fut considérablement augmentée. On ne tarda pas à la restreindre, en adoptant une alimentation plus économique. Je crois qu'il faut traiter l'infirmerie des Quinze-Vingts à l'instar d'un ménage, en ayant un peu égard aux goûts et aux habitudes des individus qui y sont comme chez eux, ou du moins en leur permettant de venir prendre leur portion pour la consommer seuls et dans un logement particulier, lorsque l'homme et la femme sont devenus l'un et l'autre des hôtes de l'infirmerie. Il arrivera quelquefois que ces ménages économiseront sur leur nourriture, pour donner à quelque malheureux de leur connaissance ; mais, outre que ces charités, tournant au profit d'un membre de l'établissement, ne contreviennent point à l'esprit des statuts, presque toujours ce qui aura été ainsi mis de côté pour l'infortune, aurait été inutilement consommé ou en grande partie gâté et rendu impropre à l'alimentation ; par conséquent, cet abus se réduira, en définitive, à très-peu de chose, et ne pourra nullement être comparé avec les désagréments de la vie commune, ni avec ses désavantages pour un homme et une femme habitués à vivre ensemble.

J. Quant à l'ordre et à la discipline, je me bornerai à de simples observations. La défense faite à tout employé, autre que le caissier, de recevoir des dépôts faits par les Aveugles, fut provoquée par une discussion qui s'éleva entre le ministre et le chapelain; elle fut portée conformément à ce que l'on avait déjà réglé pour les hospices civils de Paris. Elle n'aurait eu d'autres résultats que celui d'engager les Aveugles à se confier mutuellement, ainsi qu'ils le font quelquefois, les sommes d'argent dont ils veulent disposer pour des œuvres pies : ce qui a bien plus d'inconvénient que de les confier au directeur de leur conscience. Du reste, ces sortes de dépôts sont extrêmement rares. Je ne pense pas que le chapelain, dans l'intervalle de vingt-cinq ans, en eût reçu plus de six ou sept, dont deux seulement s'étaient élevés au-dessus de cinquante francs. J'ai eu déjà l'occasion de faire remarquer qu'il était contraire au libre exercice de la religion, d'obliger les Aveugles de revêtir leur costume pour se rendre à la chapelle. Il est doublement ridicule de vouloir que les enfants, à tout âge, ne puissent se promener dans les cours que sous la surveillance de leurs parents Aveugles. On n'a pas mis à exécution ni cet article, ni les précédents, ni celui qui prescrit aux jeunes filles de se retirer des cours à la chute du jour, au son de la cloche. Il n'y a aucun moyen de s'assurer si un Aveugle couche chez lui; il est donc bien inutile qu'on soumette à l'amende celui qui passerait la nuit hors de l'établissement. En faisant autoriser par le ministre le commerce des objets de consommation, on a eu l'intention d'ôter aux Aveugles le soupçon que le directeur pouvait concéder cette autorisation à prix d'argent, soupçon qui n'a jamais été mérité, et auquel on n'échapperait pas de cette manière, le ministre ne décidant que sur le rapport du directeur. La soumission, à la commission consultative, des règlements de police dressés par le directeur, me parait insuffisante, ou mal exprimée. Il aurait fallu établir que ces règlements seraient accompagnés de son avis, lorsqu'on les soumettrait à l'approbation ministérielle.

K. Le 16 août 1847, le ministre arrêta un règlement d'ordre et de police intérieure, rédigé par le directeur et la commission consultative, les 4 et 26 novembre 1842 et 8 août 1844. C'est celui que l'article 79 du règlement général, signé le 1er octobre 1846, invitait à faire immédiatement. Il fut soumis à la délibération du conseil supérieur, quoique ce même article 79 portât simplement qu'il serait discuté par la commission consultative, et approuvé par le ministre. Sous la grande-aumônerie, on avait retiré aux Aveugles internes la permission d'aller faire de la musique dans les cafés et bals publics; ce qui les avait déterminés à prendre l'externat. L'article 1ᵉʳ du règlement d'ordre et de police leur reconnaît cette faculté, et leur accorde le privilége de rentrer après la clôture des portes. On pourrait croire que l'article 6 défend à tous les enfants étrangers l'entrée de l'hospice : on a voulu seulement empêcher qu'ils n'y vinssent jouer ou prendre l'air, ainsi que cela se pratiquait auparavant, sans qu'il en fût résulté d'autre inconvénient que celui d'entendre un peu plus de bruit. Ces dispositions, ainsi que celles des chapitres 1, 2, 3 et 4, sont sages et conformes aux anciens règlements qu'elles reproduisent. Le chapitre V contient un règlement pour l'école des filles, et le sixième un autre pour l'infirmerie. Ils sont tous les deux très-bien entendus. L'article 54 renouvelle sagement la faculté de ne vendre du vin dans les cantines qu'en flacons bouchés. On y a joint celle de ne livrer les aliments qu'en rations préparées, à cause de certains abus qui s'étaient produits dans les cantines où l'on donnait à manger. Je crois que l'on aurait pu les faire disparaître, sans ôter à ceux qui ne sont pas en état d'apprêter leur ordinaire, la faculté d'aller prendre leurs repas dans une maison où l'on puisse le leur servir tout préparé. Il ne serait guère possible de visiter, dans un jour du mois, trois cents logements, ou une partie notable d'entre eux. On pourrait seulement tous les mois en visiter quatre ou cinq, sans qu'on pût deviner lesquels. D'ailleurs, cette visite est inutile ; les logements malpropres sont bientôt connus. L'article 62, relatif aux habits, n'a pas été exécuté et ne peut guère l'être. Je n'approuve pas le 63ᵐᵉ, en ce qui concerne les enfants. Les priver de leurs droits, parce que l'Aveugle trouverait à les placer encore jeunes hors de chez lui ou dans sa famille, c'est mal entendu et contraire aux intérêts de l'enfant comme à ceux de l'Aveugle. Il fallait leur réserver ces mêmes droits, pour leur en former une dotation, et encourager ainsi les familles à continuer une assistance, que cette disposition réglementataire a complétement abolie.

L. A chaque émeute sanglante, l'hospice des Quinze-Vingts servait d'ambulance. En 1848, comme en 1830, on y reçut les blessés des deux partis, auxquels on prodigua les soins les plus dévoués. En 1848, le chirurgien de l'hospice, son fils et sa femme, ne quittèrent les ambulances que lorsqu'il n'y eut plus de blessures à panser. Aux journées de juin, on ne fut pas peu surpris lorsqu'on vit apporter un soir, de 7 à 8 heures, l'archevêque de Paris suivi d'une foule nombreuse. Le chapelain ne pouvant pas le recevoir chez lui, et croyant qu'il serait mieux chez le curé de la paroisse, proposa à ce dernier de le faire conduire à son presbytère, au lieu de le diriger sur l'infirmerie de l'établissement. Le prélat (Mgr Affre) avait été blessé dans une décharge faite évidemment sur lui et sur les personnes de sa suite, avec le dessein de les tuer. Le projectile qui l'avait frappé par derrière, dans la région des reins, avait atteint la moelle épinière. Son domestique avait eu, à la même hauteur, la peau de l'abdomen percée par une autre balle qui avait fait séton. L'un de ses grands-vicaires avait eu son chapeau, qu'il tenait à la main, traversé de haut en bas, et l'autre sa soutane à la même élévation. La blessure de l'archevêque avait déterminé une paralysie des jambes. Le chirurgien qui l'explora, enfonçant son index tout entier, rencontra des esquilles, et non la balle. Son avis fut que le prélat mourrait, ou tout au moins resterait paralysé. Monseigneur ne sentit rien, pendant que l'on sondait ainsi sa blessure. Lui-même en prévint les personnes qui l'entouraient, afin que les plaintes qui sortaient continuellement de sa bouche ne les apitoyassent pas trop : *Ne faites pas attention à mes cris*, leur disait-il : *je ne sais pas pourquoi je me plains; car je ne souffre pas*. Après la visite du chirurgien, il dit au chapelain des Quinze-Vingts, resté momentanément seul auprès de lui, qu'il ne fallait point lui dissimuler son état. Celui-ci lui répondit que l'homme de l'art n'avait pas découvert le projectile, que la situation était nécessairement grave, et qu'il serait prudent que Sa Grandeur agît en conséquence. Elle demanda alors le curé de Saint-Antoine pour se confesser. Celui-ci lui représenta que son confesseur ordinaire étant l'un des vicaires-généraux qui l'avaient accompagné, lequel se trouvait actuellement dans une maison du faubourg, il allait le faire venir. Ce dernier arriva en effet. L'archevêque reçut les sacrements de l'Eglise. En ce moment solennel, il déclara être fâché d'avoir publié l'ordonnance qui avait excité du mécontentement dans le clergé de Paris, et il pria de le faire savoir. Ensuite eut lieu le pansement. Le lendemain matin, on manda le docteur Récamier qui, après avoir examiné la plaie, et avoir entendu le chirurgien des Quinze-Vingts, jugea qu'elle était dangereuse. Il fut décidé alors qu'on porterait le blessé dans son palais; mais les insurgés s'y étant opposés, et ayant placé des sentinelles à la porte d'entrée et à celle des appartements du curé, avec défense expresse de laisser enlever le prélat qu'ils prétendaient retenir comme ôtage, le chapelain de l'hospice des Aveugles parlementa avec eux, leur représenta l'odieux qui rejaillirait sur leur tête; mais ce fut en vain. Avertis par leurs espions (qui, d'heure en heure, les instruisaient très-exactement de la marche des troupes) qu'un coup décisif allait être porté, ils voulaient attendre. Ce ne fut pas long; car, demi-heure après, investis de toutes parts, ils étaient sommés de se rendre, sous peine d'être tués s'ils étaient pris. On leur avait accordé jusqu'à dix heures pour répondre. Au dernier coup frappé à l'horloge des Quinze-Vingts, le siège du faubourg commença; il fut conduit avec une vigueur telle qu'en moins de trente minutes tout était terminé. Les insurgés disparurent comme par enchantements. Dix ou douze, au plus, se laissèrent prendre et furent incontinent passés par les armes. On apporta leurs cadavres aux Quinze-Vingts. La communication entre le faubourg et la ville, interceptée depuis trois jours, ayant été rétablie, on emporta l'archevêque sur un brancard.

M. Durant les quatre années qui suivirent la révolution de 1848, il n'y eut point de nomination d'Aveugles à l'internat de l'hospice. Comme on parlait de supprimer ou de transformer cette maison, le chapelain s'entendit avec le directeur, pour la rédaction d'une note et d'un projet de réorganisation qui devait être présenté à l'empereur Napoléon III, afin d'essayer de prévenir une décision qui, disait-on, si elle était prise, violerait les principes sacrés sur lesquels Sa Majesté avait solennellement déclaré vouloir étayer son gouvernement, c'est-à-dire, la Religion, la Justice, la Probité et l'amour des classes souffrantes. Après s'être attaché à faire connaître la nature de l'œuvre de Louis IX, et s'être demandé si l'on peut avoir le droit de détruire l'hospice des Quinze-Vingts, ou de changer sa destination, si l'on peut disposer, comme de la sienne, de la propriété d'autrui, attendu qu'il est démontré que cet établissement s'appartient en propre et ne doit rien à l'Etat qui ne lui a jamais accordé qu'un bienveillant intérêt, etc., etc., on proposa de réorganiser la maison sur les bases suivantes :

« Il ne manque pas d'anciens militaires, de veuves et d'enfants, d'officiers, d'ecclésiastiques, de professeurs, d'hommes de lettres, d'artistes, de magistrats, de fonctionnaires de tout ordre, qui, après avoir honorablement servi l'Etat ou l'Eglise, se trouvent aux prises avec le besoin, parce que la durée de leur service ou un incident quelconque, qui a interrompu leur carrière, ne leur a pas permis d'obtenir une pension de retraite, ou d'amasser un patrimoine suffisant, pour assurer d'une manière convenable leur propre existence, ou celle de leur famille. C'est de préférence, parmi ces personnes aveugles, si recommandables et si méritantes, que devrait se recruter la population intérieure de l'hospice, et ensuite le personnel des pensionnaires externes. Le gouvernement aurait ainsi le moyen d'acquitter une dette sacrée dont la législation ne lui permet pas toujours de se libérer. Mais, pour toutes ces personnes, il faudrait supprimer la condition du certificat d'indigence, et adopter d'autres règles d'admission à l'internat et aux pensions externes. Nous pensons que le nombre et la quotité des pensions seraient aussi susceptibles d'être modifiés, et qu'il conviendrait, en outre, de créer des secours proprement dits pour les aveugles placés dans une condition moins favorable : l'on continuerait à exiger de ces derniers une attestation de leur état d'indigence. Nous résumons ainsi le projet de réorganisation :

» *Art.* 1er. La maison impériale des Quinze-Vingts est destinée, comme l'indique son nom, à recevoir 300 Aveugles. — *Art.* 2. Les revenus dont elle dispose sont consacrés d'abord aux dépenses du service intérieur, c'est-à-dire, des trois cents membres ou pensionnaires internes ; le surplus est employé au soulagement des Aveugles dispersés sur toute l'étendue de l'empire français. — *Art.* 3. Les Aveugles participant aux avantages que procure l'établissement, se divisent en trois catégories : la première comprend les trois cents membres ou pensionnaires internes ; la deuxième, les pensionnaires externes ; et la troisième, les Aveugles secourus. — *Art.* 4. Les pensions des deux premières catégories sont viagères ; les secours, temporaires. — *Art.* 5. Les membres ou pensionnaires internes sont choisis : 1o parmi les personnes devenues aveugles au service de l'Eglise ou du gouvernement ; 2o parmi celles qui se sont distinguées par des actions d'éclat ; 3o parmi celles qui méritent, à un titre quelconque, d'appeler sur elles la sollicitude de Sa Majesté Impériale. » — Suivent cinq articles concernant les secours à accorder hors de l'établissement.

L'Empereur, pensant qu'il n'y avait pas autre chose à faire, pour le moment, que de placer l'hospice sous le patronage de S. M. l'Impératrice, promulgua, le 22 juillet 1854, un décret qui répandit la plus douce joie parmi les pauvres Aveugles de la maison, et que je reproduis ici textuellement, en le faisant précéder du rapport fait à l'Empereur par M. F. de Persigny :

Sire,

L'hospice des Quinze-Vingts, fondé par S. Louis, a été constamment, de la part des rois de France, des parlements, de la papauté et de l'épiscopat français, l'objet d'une protection spéciale. Continué par Napoléon Ier, il appartient aujourd'hui au noble cœur de l'Impératrice de recueillir l'héritage de la bienfaisance des rois, et de placer, sous le protectorat de sa charité religieuse, cet asile qui prend rang parmi les établissements qui honorent l'humanité. Si l'Impératrice daignait accepter la noble et touchante mission de pourvoir elle-même aux nominations des Aveugles internes, et à la concession des secours annuels accordés aux Aveugles externes, la main qui accorderait le bienfait en doublerait le prix. J'aurai alors l'honneur de proposer à Votre Majesté le projet de décret suivant :

« Napoléon, etc.,

» Vu les anciens statuts et règlements de l'hospice impérial des Quinze-Vingts ; vu l'ordonnance du 21 février 1841 sur l'organisation du conseil supérieur des établissements généraux de bienfaisance et d'utilité publique ; vu l'arrêté ministériel du 1er octobre 1846, portant règlement sur l'administration et le régime intérieur de l'hospice des Quinze-Vingts ; sur le rapport de notre ministre secrétaire d'Etat au département de l'Intérieur ; voulant donner à l'impératrice Eugénie, notre chère et bien-aimée épouse, une preuve particulière de notre affection, avons décrété et décrétons ce qui suit :

» ARTICLE 1er. L'hospice impérial des Quinze-Vingts est placé sous le haut patronage de l'Impératrice.

» ARTICLE 2. Les nominations, soit dans une des classes de secours annuels, soit dans l'hospice, seront faites par l'Impératrice, sur le rapport du ministre de l'Intérieur. »

FIN.

APPENDICE.

UN MOT SUR LA PARTIE DU RAPPORT DE M. DE RAMBUTEAU QUI EST RELATIVE
A L'HOSPICE DES QUINZE-VINGTS AVEUGLES. (1)

L'hospice des Quinze-Vingts Aveugles reconnaît S. Louis pour son fondateur.

Jusqu'à ce jour il n'a reçu des rois ses successeurs, et des administrations qui l'ont régi en leur nom, que des preuves multipliées d'une bienveillante sollicitude. Tout le secret de son organisation est là. Mieux comprise, elle n'aurait paru ni extraordinaire ni répréhensible à M. de Rambuteau.

Ce n'est pas du pain seulement qu'on offre au malheureux Aveugle ; on sait fort bien que le pain ne lui manquera jamais, quel que soit le lieu où il habite, tant qu'il y aura des voyants à ses côtés. On lui offre, aux Quinze-Vingts, tout ce qui peut lui faire oublier les cruelles privations auxquelles il est condamné par son infirmité. L'hospice devient pour lui une nouvelle famille, au sein de laquelle il n'a plus à redouter les ennuis de l'isolement. Là se forment, entre lui et ses compagnons d'infortune, des rapports sociaux qui fournissent un aliment à l'inquiétude de son esprit, et lui rendent son oisiveté moins pénible à supporter. On lui permet de se marier, afin de lui procurer des soins plus tendres et plus assidus. Pour que cette permission ne soit point illusoire, l'administration se charge de doter la femme qui consentira à devenir la compagne d'un Aveugle, et en quelque sorte sa garde. Une pension viagère de 183 francs, avec un petit logement, lui sont acquis, après cinq ans de séjour dans l'hospice. C'est l'administration qui surveille le ménage, qui règle l'emploi des fonds, de manière à ce que l'Aveugle ait toujours le pain et le vêtement. Elle le protège contre les caprices et l'inconduite de son épouse. C'est elle encore qui donne aux enfants l'éducation dont ils ont besoin. Elle ne les livre à la société, qu'après les avoir mis en état de se suffire à eux-mêmes.

Voilà sans doute ce qu'il y a de plus philanthropique dans l'établissement. Chose singulière ! c'est cela même que M. de Rambuteau veut réformer. Il n'a donc pas compris que, pour ces infortunés, la société et le mariage sont des besoins impérieux ; que, hors de l'hospice, ils doivent renoncer à l'un et à l'autre. Avec qui mettrez-vous en rapport de société un artisan, un laboureur, un homme qui a tout perdu en perdant la vue ? quelle sera la femme qui se dévouera à l'épouser, même lorsque vous l'aurez gratifié d'une pension viagère ? Peut-être le besoin de se rapprocher de quelqu'un qui anime sa triste existence,

_____

(1) Voir ci-dessus le chapitre VI, K.

lui fera-t-il ramasser dans l'ordure un de ces misérables rebuts du vice, une femme qui, au lieu d'adoucir son sort, le rendra dix fois pire. Que deviendront ses enfants? Qui les élèvera? Qui se chargera de leur donner un avenir? Sera-ce la justice?

A cela M. le rapporteur dira : « que l'hospice est organisé de manière
» à ce que la surveillance en soit presque impossible ; que les frais
» généraux d'administration s'élèvent considérablement, et ne tournent
» point au profit de ces infortunés; que plus d'un tiers préfèrent ne
» toucher que 250 francs et vivre hors de l'hôtel ; qu'en supprimant
» l'admission des internes, on pourra successivement élever les pensions
» et augmenter le nombre des pensionnaires. »

Nous allons répondre par ordre. Ne dirait-on pas, à entendre M. de Rambuteau, que l'anarchie s'est réfugiée aux Quinze-Vingts; que le désordre est dans tous les ménages, l'insubordination dans tous les esprits; et qu'au milieu de cette confusion, l'autorité impuissante est obligée de laisser faire? Si cela était vrai, il faudrait changer l'administration, expulser les turbulents, réorganiser l'établissement, et ne pas le détruire; mais cela n'est pas vrai. M. de Rambuteau s'en sera aperçu, sans doute, quand il est venu dans l'hospice: malheureusement, son rapport était fait, comme il a eu la bonté de nous le dire, et il ne pouvait rien y changer. Je vais donc le déclarer à sa place : Nulle part les rapports sociaux ne sont mieux établis qu'aux Quinze-Vingts ; nulle part l'intérieur des ménages n'est si peu troublé; nulle part l'autorité n'est plus respectée. Toute la surveillance de ce vaste établissement repose sur un vieillard, qui est toujours assez fort pour maintenir le bon ordre, et qui, durant le cours de 1831, n'a eu aucun délit, aucune infraction au règlement à constater. Je présume que M. de Rambuteau voudra bien donner quelques explications sur ce premier article, et je passe au second.

M. le rapporteur parle « de frais généraux qui s'élèvent considéra-
» blement sans bénéfice pour les Aveugles. » L'expression dont il se sert est un peu vague. Comprend-il sous le nom de frais généraux les frais de haute administration? Mais la haute administration est gratuite, et M. Cochin fils, lorsqu'il a bien voulu s'en charger, n'a fait que donner une nouvelle preuve de son dévouement pour le soulagement de l'humanité souffrante. Veut-il parler des frais de bureau et de direction? Les voici: *directeur*, 5000 *fr.* ; *trésorier*, 4000 ; *commis*, 2200 ; *garçon de bureau*, 800 ; *portier*, 800 ; *surveillant*, 300 ; *distributeur du pain*, 200 ; *deux balayeurs*, 740 ; *architecte*, 1000 ; *médecin*, 600 ; *frais de bureau*, 400 ; formant en tout une somme de 16040 francs. Si vous trouvez cette somme exorbitante, réduisez-la, et ne détruisez point l'établissement.

Dans le rapport de M. de Rambuteau, figure, avec le titre de *dépenses accessoires de toute nature*, une somme de 66268 francs. Je dois vous prévenir que ces dépenses, dont le titre est trompeur, se composent, pour une somme de près de 50000 francs: 1º des charges dont sont grevées les propriétés de l'hospice, telles que rentes viagères, contributions foncières, pensions de retraite, fondations religieuses ; 2º des *frais de service pour les infirmes et pour les écoles;* 3º des frais de recettes et de procédure; 4º de 6000 francs de dépenses imprévues, *presque toutes au bénéfice des Aveugles;* 5º des frais de réparation et d'entretien pour tous les bâtiments que l'hospice possède. Ces dépenses particulières n'ont, je pense, rien de commun avec les frais d'administration, qui n'entrent que pour une somme partielle de 16040 francs dans la somme totale des dépenses dites accessoires.

Quant aux membres Aveugles, il est vrai « *que* 92 ou 94 *sur* 300 » n'habitent pas dans l'hospice. Je voudrais bien savoir à qui on espère persuader qu'il serait plus avantageux pour les membres externes, s'ils étaient réellement dans l'indigence, de recevoir 250 francs pour se loger, se nourrir, se vêtir, élever leurs enfants, assurer une existence à leur épouse, plutôt que de venir habiter la maison des Quinze-Vingts, où chaque ménage reçoit au moins 547 francs d'argent, plus 54 francs pour chacun de ses enfants ; où il est logé gratuitement ; où les enfants sont élevés ; où l'épouse est dotée. L'absurdité même de la chose aurait dû faire soupçonner à M. le rapporteur qu'on ne lui avait pas dit toute la vérité. Puisqu'il n'a pas soulevé le voile qui la couvre, je le soulèverai moi-même, et l'on saura pourquoi des aveugles se contentent de la pension externe.

D'après les statuts de l'établissement, l'Aveugle doit se donner corps et biens à l'hospice qui le reçoit. Si, parmi les nominations, il en est une qui, au lieu de tomber sur l'aveugle indigent, aille se perdre sur l'aveugle qui a une industrie lucrative, des rentes, ou des espérances certaines, celui-là, ou bien il n'aura pas la volonté de se donner corps et biens à l'hospice, ou on la lui fera passer, et il se contentera de la pension externe de 250 francs.

D'après les statuts, il est encore défendu de mendier. Si vous nommez un Aveugle mendiant dont les recettes journalières soient au-dessus de ce que l'hospice donne à chacun de ses membres, celui-là, à qui le brevet de pensionnaire n'interdit pas la mendicité, continuera sa vie errante et vagabonde, content de toucher 250 francs.

Il répugnait au grand-aumônier de permettre aux Aveugles des Quinze-Vingts d'aller, comme musiciens, dans certains établissements de la capitale. Cette profession est, pour quelques-uns, assez lucrative ; les forcer de l'abandonner en entrant dans l'hospice, c'était les mettre dans la nécessité de prendre la pension de 250 francs.

Une disposition réglementaire, que je n'ai jamais bien comprise, défend à un Aveugle des Quinze-Vingts de prendre avec lui son père et sa mère, dont il est quelquefois l'unique ressource. Une autre disposition, tout aussi bizarre, défend à un père et à une mère Aveugle de garder auprès d'eux une fille qui a dépassé l'âge de 21 ans. Supposez des membres dans l'une ou l'autre de ces deux catégories : ils préféreront encore la pension de 250 francs, plutôt que de consentir à une séparation qui coûte toujours à la nature, et que quelquefois la morale défend.

Faisons une dernière supposition : Qu'un Aveugle sans fortune ait un de ses enfants dans l'aisance ; celui-là aussi préférera la pension de 250 francs, si son fils ou sa fille ne lui refusent point l'hospitalité.

Ainsi, s'il est vrai que 92 ou 94 membres se contentent de la pension externe de 250 francs, il est vrai aussi que la plupart d'entre eux pourraient s'en passer, et que les autres sont retenus au dehors par la sévérité des règlements ; vous pouvez m'en croire, je ne fais ici que relater des faits. Mon dessein n'est pas d'inculper l'administration du grand-aumônier. On l'a trompé comme on a trompé peut-être M. le ministre du commerce, et comme on le trompera bien certainement toutes les fois qu'on lui demandera des pensions de 250 francs. En présence de cet abus que la commission a dû connaître, on aurait pu s'attendre que M. de Rambuteau, son rapporteur, demanderait la suppression des pensions externes, moyen sûr d'empêcher qu'à l'avenir les secours destinés à l'Aveugle indigent ne passent entre les mains de celui qui n'en a pas besoin. Il vient, au contraire, demander à la Chambre qu'elle autorise le ministre à détruire l'hospice des Quinze-Vingts, et cela pour lui substituer des pensionnaires externes. En vérité, je ne sais ce qu'il faut penser de cette proposition. Est-elle malicieuse, et renferme-t-elle au fond une arrière-pensée de suppression totale? Je n'ose le croire. N'est-elle qu'une méprise? Mais ce soupçon est aussi injurieux pour la commission que pour son rapporteur : car, de tous les modes de perfectionnement à proposer, elle aurait choisi le plus mauvais.

Demandez à M. de Rambuteau à quel taux il portera la pension externe, pour que l'Aveugle puisse vivre en province, se loger, se vêtir, nourrir sa femme, élever ses enfants, ou payer la personne qui lui donnera des soins; et vous verrez combien son projet est économique. Demandez-lui comment il fera pour empêcher que l'Aveugle pensionnaire ne se livre soit ostensiblement, soit secrètement, à la mendicité; et vous verrez combien son projet est moral. Demandez-lui comment il s'assurera que les bureaux du ministère seront toujours exacts à remplir les vacances, présenteront toujours au ministre les plus pauvres et non les plus protégés, paieront avec régularité, même en temps de guerre, et dans le cas où le Trésor serait épuisé; et vous verrez combien son projet est sage. Demandez-lui quel sera le guide et le tuteur qu'il donnera au pauvre Aveugle, de quelle manière il le tirera de cet état d'isolement auquel il est condamné par son infirmité; comment il fera pour régler l'emploi de sa pension, de manière à ce qu'il ne manque, dans aucun temps, de vêtement ni de nourriture; et vous verrez combien son projet est philanthropique. Demandez-lui, car il doit le savoir, s'il n'est pas vrai que les revenus dont jouit l'hospice, ainsi que ceux dont il réclame la jouissance intégrale, soient le produit de donations particulières et de fondations religieuses, dont les titres existent encore; s'il n'est pas vrai que la volonté bien connue des donateurs et des bienfaiteurs ait été de secourir exclusivement la communauté des Aveugles des Quinze-Vingts; et vous verrez si vous pouvez adhérer à un projet de cette nature. Vous pourrez lui demander encore s'il est bien certain que les Aveugles des Quinze-Vingts, que S. Louis dota de ses propres deniers et non de ceux de l'Etat, aient cessé d'être propriétaires sans cesser d'exister; comment ils sont tombés dans le droit commun, sans y être jamais assujétis, puisqu'ils ont toujours eu une administration particulière et tout à fait en dehors de celle des hospices de Paris; ce que sont devenus les cinq millions placés sur l'Etat peu avant la révolution de 1793;. ce qu'il resterait aux Quinze-Vingts, dans le cas d'une nouvelle *confusion de titres* et de *créances*; de quoi vivrait l'hospice et sur quoi il pourrait hypothéquer un emprunt, dans le cas où le Trésor serait forcé de suspendre ses paiements; et vous verrez si vous pouvez, et si vous devez, autoriser la vente des immeubles qui appartiennent à cet établissement.

N. B. — Depuis la révolution de juillet, 25 membres externes, retenus au dehors, par la sévérité des règlements, se sont empressés de rentrer dans l'hospice; plusieurs autres sollicitent la même faveur.

Février 1832.

NOTE BIBLIOGRAPHIQUE ET HISTORIQUE [1]

SUR L'UNE DES CONFRÉRIES FONDÉES AUX QUINZE-VINGTS.

Il a été question ci-dessus (chap. II, J.) des confréries établies dans la chapelle des Quinze-Vingts. Ce qui en a été dit pourra être complété par ce qui suit.

Feu l'abbé J.-H.-R. Prompsault, bibliophile distingué, recherchait avec soin les vieux livres qui lui paraissaient utiles au point de vue de ses études spéciales. Il trouva, par hasard, chez un revendeur de Paris, un exemplaire (le seul qu'il ait rencontré de sa vie, ne l'ayant vu même dans aucune des bibliothèques publiques qu'il avait fréquentées), ayant pour titre : *Prieres et Instructions, à l'usage de la Confrérie Royale de la sainte Vierge, S. Sebastien, et S. Roch. Erigée en l'Eglise de l'Hôpital Royal des Quinze-Vingts à Paris depuis plus de deux siecles. Avec les Statuts, Reglements, et Liste des Confreres, recüeillis par le Sieur PIERRE RACINE, l'un des Administrateurs en Charge, demeurant aux Quinze-Vingts. Dediées à Leurs Majestez.* (A Paris, chez Claude Robustel, ruë S. Jacques, à l'Image S. Jean. M.DCC.XXVIII. Avec Approbation et Privilege du Roy). Un vol. grand in-12 de 12 feuillets liminaires [2], suivis de 642-112 pages, et de trois feuillets non chiffrés [3].

Voici ce qu'on lit dans l'*Avis au Lecteur :* « L'an mil sept cent vingt-
» huit, jour de l'Annonciation, Monseigneur de Mornay [4], Coadjuteur de
» Quebec, officia pour rendre plus solemnelle la réunion des Confreres,
» qui s'étoient séparez de ceux restez aux Quinze-Vingts, et s'étoient
» retirez à saint Thomas du Louvre en mil sept cens [5] dix-sept, où
» tous ces Messieurs et particulierement les Maitres en charge, assis-
» terent en habits décens, et reprirent possession de l'Œuvre de la Con-

(1) Je dois cette NOTE à l'obligeance de M. C.-F.-H. Barjavel, docteur-médecin, de Carpentras, et je suis heureux de lui témoigner publiquement, en cette occasion, toute ma reconnaissance pour les soins intelligents et soutenus qu'il a bien voulu consacrer à la présente histoire des Quinze-Vingts, ainsi qu'à la révision du texte et à la correction des épreuves. L'abbé J.-L. PROMPSAULT.

(2) Ces feuillets non chiffrés contiennent : 1° le titre ; 2° la dédicace *Au Roy et a la Reine*, signée par Pierre Racine, l'un des maitres en charge de la dite confrérie, lequel était peut-être de la famille de l'illustre Jean Racine, auteur d'*Athalie*, comme en était l'abbé Bonaventure Racine, auteur d'un *Abrégé de l'histoire ecclésiastique* [1748-1756] ; 3° *L'Avis au Lecteur* ; 4° la *Table des festes mobiles* ; 5° le calendrier.

(3) Dans ces trois feuillets se trouvent l'*Approbation*, du 27 mai 1728, et le *Privilege du Roy*, du 4 juin de la même année, tous les deux datés de Paris.

(4) Louis-François de Mornay, évêque d'Euménie, coadjuteur de Québec, qui avait été reçu, en 1727, dans la confrérie de la Sainte-Vierge, Saint-Roch et Saint-Sébastien.

(5) J'ai cru devoir conserver scrupuleusement ici l'orthographe, l'accentuation et la ponctuation de l'imprimé de 1728.

» frérie de la sainte Vierge, S. Roch, et S. Sebastien aux Quinze-Vingts.
» Depuis la réunion, plusieurs Princes, Seigneurs, et gens de distinction
» se sont *faits* inscrire dans la Confrérie. — La veille, les premières
» Vêpres se chanterent solemnellement, et le lendemain jour de la Fête,
» la grande Messe fut celebrée par Monseigneur de Quebec, accompagné
» d'un grand nombre d'Ecclesiastiques. Les Pains benis furent conduits à
» l'Offrande avec timbales, trompettes et hautbois, au bruit des boëtes et
» petards, qui continuerent jusqu'après l'élévation ; l'après-midi le même
» Prélat officia au Salut et à la Procession, où il porta le saint Sacrement
» accompagné des mêmes Officiers. L'Office fut chanté par Messieurs les
» Musiciens et Chantres de la Sainte Chapelle et S. Honoré ; on chanta
» ensuite le *Te Deum*, et l'on tira encore un grand nombre de boëtes et
» petards pendant la station du saint Sacrement à la Chapelle de la Vierge
» et durant le *Te Deum*. — Sa Majesté Protecteur de la Confrérie, après
» la réunion faite, a accordé des Lettres de Privilege, pour faire imprimer
» le présent Livre ; et pour leur donner des marques de sa bienveillance,
» Elle a rendu le Pain beni avec sa magnificence ordinaire, le jour de
» S. Roch 16. Août, une des principales Fêtes de la Confrérie, à la pre-
» mière Messe où Monseigneur l'Evêque de Quebec officia Pontificalement.
» A la seconde grande Messe, ce fut Monseigneur l'ancien Evêque de
» Beauvais (1) qui celebra, et son Excellence Monseigneur le Comte de
» Sinzendorff (2), grand Chancelier de l'Empereur, et son premier Plenipo-
» tentiaire au Congrez de Soissons, rendit le Pain beni. Le jour de la
» sainte Vierge, 15. du même mois, veille de S. Roch, Monseigneur
» l'Evêque de Bethléem officia Pontificalement à la Messe et au Salut. »

Cette narration révèle, outre certains détails de mœurs et d'usages, un fait qu'il aurait été intéressant de vérifier et d'approfondir ; c'est la séparation d'une partie des membres de la confrérie, qui s'étaient retirés à Saint-Thomas-du-Louvre, tandis que les autres étaient demeurés aux Quinze-Vingts, séparation qui avait eu lieu en 1717 et qui ne cessa qu'au bout de onze ans.

Le titre de l'ouvrage nous apprend que la confrérie royale de la Sainte Vierge, S. Roch et S. Sébastien, fut érigée en l'église de la maison des Aveugles, dans les premières années du XVIe siècle. On sait que déjà, en 1419, existait, dans la même église, une société de ce genre, sous le patronage de S. Louis et de S. Remi.

Le volume, qu'il s'agit ici d'analyser, est divisé en quatre chapitres.

Le chapitre 1 (pages 3-84) contient des *Instructions* ou réflexions pieuses, et les *Histoires de S. Roch* et de *S. Sebastien*, à la suite desquelles est reproduite la bulle de Clément XI, donnée à Rome le 8 février 1704, octroyant à perpétuité *Pardons et indulgences de pleniere Remission en faveur des Confreres et Sœurs de la Confrerie Royale de la sainte Vierge, S. Roch et S. Sebastien, de la Ville et Faubourgs de Paris erigée dans l'Eglise de l'Hôpital Royal des Quinze-Vingts.* « Pour » donner une idée juste de notre Confrerie (dit Pierre Racine au commen- » cement de ce chapitre), nous la définirons, une pieuse association de » toutes sortes de personnes, dans le dessein d'éviter le mal, de pratiquer » la vertu, et de loüer Dieu, en suivant pour modeles, et prenant pour

---

(1) L'évêque-comte de Beauvais, François-Honorat-Antoine de Beauvilliers-Saint-Agnan, qui avait été inscrit sur le catalogue des confrères en 1725, tandis qu'en 1728 le siége épiscopal de Beauvais était occupé par Etienne-René de Gesvres, comte et pair de France, reçu de la même confrérie en cette année 1728.

(2) Philippe-Louis, comte de Sinzendorff, membre de la confrérie inscrit en 1728.

» intercesseurs particuliers auprès de sa divine Majesté, la sainte Vierge,
» saint Roch, et saint Sebastien...... — Le premier dessein qui nous lie
» les uns avec les autres n'est pas seulement de fuir le péché.....; mais
» encore d'éviter autant qu'il se peut les occasions plus prochaines
» d'offenser Dieu, telles que sont les tentations vives et opiniàtres, les
» rencontres dangereuses pour la vertu, les situations tristes et acca-
» blantes, les douleurs aigues et insupportables, comme la rage, la peste,
» la fureur, les transports, dans lesquels il n'est pas possible, sans un
» secours particulier de Dieu, de s'empêcher de tomber dans le découra-
» gement. — Notre second dessein étant de pratiquer chacun les vertus
» qui nous doivent être propres, nos premiers Fondateurs ont fort sage-
» ment pris pour Patrons, des Saints de trois états différens qui renfer-
» ment tous les autres. Ces excellens modèles sont entre les Vierges la
» plus pure, entre les Confesseurs le plus patient (1) que nous connoissions,
» entre les Martyrs de Jesus Christ le mieux caractérisé et le plus incontes-
» table (2)...... — Le troisième de nos desseins, qui est de loüer Dieu, ne
» s'executera parfaitement que dans l'éternité en la compagnie des Bien-
» heureux. Les prieres cependant que nous récitons ici-bas, n'étant que
» les paroles mèmes du S. Esprit tirées de l'Ecriture, ou du langage de
» l'Eglise, ne peuvent que nous servir très-utilement pour porter nos
» cœurs au ciel. Enfin l'excellence de nos Saints Patrons, et leur pouvoir
» ou vertu de nous aider, autant par leurs intercessions auprès de Dieu,
» que par leurs exemples, ne se peut mieux décrire ni faire entendre que
» par l'histoire de leurs vies, et le détail de leurs actions. La vie de la
» sainte Vierge n'est ignorée de personne qui sçache l'Evangile...... Nous
» n'avons travaillé qu'à celle de S. Roch, et à celle de S. Sebastien..... »

Le chapitre II, qui est le plus long, puisqu'il s'étend de la page 85 à la
page 592, renferme des *Prières* et des *Oraisons*, lesquelles, comme
l'énonce P. Racine, « sont appropriées à tant de rencontres, et d'occasions
» particulieres qu'il n'y a guères de momens où l'on ne puisse prier
» Dieu, ni guères d'évenemens qui n'en donne sujet. » Aussi trouve-t-on
ici prières du matin et prières de l'après-midi : prières pour bien entendre
la messe, et pour se préparer à la sainte communion; oraisons à la
Sainte Vierge, et aux saints patrons S. Roch et S. Sébastien ; diverses autres
pour les cas où l'on accompagne le viatique, où l'on assiste un moribond,
où l'on est en voyage, où l'on est atteint de maladie, etc. Il y a aussi
des prières pour les différentes solennités religieuses de l'année, comme
pour les fêtes de plusieurs saints, entre lesquelles je m'étonne qu'on
n'ait pas mentionné celle de Saint Remi (3), patron des Quinze-Vingts,
en l'honneur duquel le roi saint Louis fit faire la consécration de
la maison de ces derniers, ainsi que le rapporte le confesseur de
la reine Marguerite. Après ces prières viennent les *Heures Canoniales*, l'office de la Vierge, les offices pour les fêtes de cette Mère de
Dieu, ceux de S. Roch (4) et de S. Sébastien, le *Te Deum*, le *Veni*

(1) Saint Roch, confesseur, dont la fête tombe le 16 août.

(2) Saint Sébastien, martyr à Rome, dont la fête est marquée au 20 janvier.

(3) Le calendrier, qui est en tête du volume dont il est ici question, désigne la *Translation S. Remy* au 1er octobre, mais sans employer les lettres capitales, dont il se sert
pour indiquer les fêtes de s. SEBASTIEN et de s. ROCH, patrons, il est vrai, de la confrérie
qui est le sujet prédominant du livre.

(4) J'ai actuellement sous les yeux un exemplaire imprimé sous ce titre : *Office de
S. Roch. Recüeillis (sic) par le sieur* PIERRE RACINE, *demeurant aux Quinze-Vingts.*
(A Paris, de l'imprimerie de la V. Rebuffé, Imprimeur-Libraire, rue Dauphine, près le

Creator, le *Pange lingua*, l'*Exaudiat te Dominus* (prière pour le roi),
l'office des Morts et les litanies de la Vierge.

Le chapitre III fait connaître (pages 592-612) l'*Ordre des Statuts et
Reglements* de la confrérie, tels qu'ils furent délibérés par l'assemblée
générale du samedi 20 décembre 1727, sous la présidence des gouverneurs et administrateurs des Quinze-Vingts, *avec les modifications,
corrections et augmentations que la compagnie convoquée à ce dessein,
trouva à propos d'y faire* (page 2). « La Confrerie de la sainte Vierge,
» saint Roch, et saint Sebastien, anciennement erigée en l'Eglise de
» l'Hôpital Royal des Quinze-Vingts de Paris, ayant acquis un nouveau
» lustre en 1720. par la pieté du Roy, que la crainte pour son Royaume
» plus que pour sa personne sacrée, porta à se mettre sous la protection
» de la sainte Vierge, saint Roch et saint Sebastien, à l'occasion du mal
» contagieux, et à devenir (en même temps que Sa Majesté voulut bien
» s'inscrire sur notre Livre) le Protecteur et le Chef de notre Confrerie ;
» il a été résolu de rediger par écrit en forme de Statuts et Reglements
» les anciennes pratiques et louables traditions de nos peres ; afin de
» rendre compté au Public du bon ordre qui s'observe entre nous, du
» désir sincere de notre part, de nous voir tous réunis par de mêmes loix,
» sous un même chef, des bonnes œuvres qui se font dans notre société,
» et des grands secours et avantages pour le salut, que les particuliers
» peuvent tirer en devenant nos Confreres. (Pages 592-593). » — On
voit, par ces statuts, que la confrérie était composée du roi, chef et protecteur ; d'un *aumônier ;* d'un *doyen* près du corps et du nombre des
bienfaiteurs qui avaient passé par les charges ; de quatre *maîtres en
charge* ou *marguilliers ;* d'un *syndic ;* de deux *maîtres de cérémonie*,
et d'un nombre indéfini de toutes sortes de personnes de l'un et de l'autre
sexe. — Le *doyen* veillait aux intérêts de la confrérie, recevait les
serments des nouveaux maîtres en charge, proposait les moyens de
conserver le bon ordre et la paix dans la société et de corriger les négli-
gences et les abus, assistait à toutes les assemblées qu'il ne pouvait con-
voquer sans la participation des maîtres en charge, gardait une des
quatre clefs du coffre-fort dont les trois autres étaient confiées au syndic,
au maître en charge et à l'un des anciens. L'assemblée se réunissait dans
la grande salle du chapitre des Quinze-Vingts (1). C'est le *maître en charge*
qui convoquait l'assemblée générale, après en avoir donné avis au doyen,
au syndic, à ses confrères et au secrétaire de la société, et s'être informé,
auprès des gouverneurs des Quinze-Vingts, du jour où leur salle serait
vacante. Il était d'usage que ces gouverneurs fussent invités à ces réunions, vu que la plupart d'entre eux étaient des confrères, et qu'on était
bien aise de ne rien décider d'important qu'en leur présence et, le plus
souvent, après les avoir consultés. C'était aussi le maître en charge qui

Pont-neuf, à l'Arche de Noé. MDCCXXXI. Avec Approbation et Privilege du Roi.)
In-12 de 110-26 pages, précédées d'un feuillet (titre), et suivies de deux feuillets (Privilege du Roi.) Les 26 dernières pages offrent la *Vie de S. Roch, Confesseur.* C'est là une
réimpression modifiée de l'*Histoire* et de l'*Office de S. Roch* qui se trouvent aux pages
7-42 et 484-513 des *Prieres et Instructions à l'usage de la Confrérie Royale de la
sainte Vierge, S. Sebastien et S. Roch*..... (Paris, Cl. Robustel, 1728, in-12). Probablement il doit avoir été fait une édition également remaniée de ce que ce volume de 1728
contient, en ce qui concerne l'*Histoire* et l'*Office de S. Sebastien.*

(1) La confrérie payait, tous les ans, de six mois en six mois, une redevance à l'hôpital
royal des Quinze-Vingts, dans l'église duquel elle avait été fondée, et dans le chapitre
duquel elle tenait ses assemblées [page 610 du volume des *Prieres et Instructions* publié
par P. Racine].

proposait le sujet de la convocation. L'assemblée devait être composée au moins de seize des anciens. Deux des maîtres en charge sortaient annuellement, et il en entrait deux nouveaux (lors de la Nativité de la Vierge, le 8 septembre). Pour ces nominations, on se réunissait dans la huitaine après la fête de S. Roch. Les quatre maîtres en charge étaient distingués dans leur dignité par un bâton royal, long de six pieds, qu'ils portaient surtout lorsqu'ils allaient à la procession, le jour des deux fêtes du Saint-Sacrement (il en était de même du doyen et du syndic); et ils avaient soin de nommer et d'inviter quatre notables confrères pour porter les cordons du dais. Chacun des maîtres en charge était comptable durant six mois; il percevait les deniers et payait les dépenses; il rendait compte, au bout du semestre, puis à la fin de l'année, de toute sa gestion devant l'assemblée générale; il ne pouvait faire aucune dépense considérable (celle qui passait cinq livres était regardée comme telle), sans y avoir été autorisé par une délibération. Les deux maîtres en charge étaient caution l'un pour l'autre et solidaires. Les quatre maîtres en charge étaient tenus d'assister dans l'œuvre en habit décent, noir, en manteau et rabat. A la sortie de charge, on devenait *ancien*, selon l'ordre de réception, et l'on se trouvait à toutes les assemblées, autant que faire se pouvait, *afin de former toujours une tête pour régir et administrer les affaires de la Confrerie.* — Quant au *syndic*, il était électif, et se changeait tous les ans. Il veillait, avec le doyen, sur la conduite des maîtres en charge, et gardait le livre des délibérations. Il remplaçait le doyen, quand celui-ci était malade. — Le *secrétaire* de la compagnie rédigeait ce qui avait été résolu aux assemblées, et, s'il était question de quelques travaux particuliers (requêtes ou autres), il lui en était fait raison proportionnellement à l'ouvrage. — Quiconque s'inscrivait au grand livre de la confrérie devait y énoncer lui-même ses nom, prénoms et qualités, ainsi que le jour et l'année de son inscription, et désigner la somme qu'il avait fournie pour son enregistrement. — Conformément à une ancienne coutume, tous les confrères donnaient un pain bénit tous les sept ans, à compter du premier qu'ils rendaient dans l'année de leur inscription. — Le *bedeau* de la confrérie était revêtu d'une robe bleue doublée de rouge, avec un filet de la livrée du roi : « Il doit (dit le statut) distinguer avec beaucoup d'attention les Confre-
» res et Sœurs, et leur porter du pain beni, en tel endroits de l'Eglise
» qu'ils puissent être placez, même en distribuer generalement à tout le
» monde, *d'un air gracieux, qui marque en sa maniere la magnificence*
» *Royale*, et ce que le public nous donne avec generosité et liberalité, nous
» le lui rendons de même avec joye. » — Suivent quelques dispositions concernant les prières que devaient faire les membres inscrits, la présence aux offices et aux solennités, la sépulture des confrères; puis le rédacteur ajoute : « Enfin, il est necessaire d'avertir que toutes les assistances et
» engagements des Confreres, ne sont que de pure dévotion, et sans aucune
» obligation réelle, sous peine d'aucun péché, même veniel. L'idée de notre
» pieuse Association, étant simplement de faciliter la pratique des vertus,
» par la vûe et consideration reciproque des bons exemples, d'applanir
» pour ainsi dire, et rendre agréables les voyes du salut, et non pas d'ag-
» graver ou appesantir le joug de notre Seigneur, qui de lui-même est doux
» et leger. »

Le chapitre IV, qui est le dernier, et qui va de la page 1 à la page 112 (fin du volume), comprend exclusivement le *Catalogue des Confreres :* « Le
» grand Livre Royal des Inscriptions (lit-on au début du chapitre), à la
» tête duquel brille le Nom illustre de LOUIS XV, est divisé en deux par-
» ties. La premiere est pour leurs Majestez ; les Princes du Sang et les Sei-

» gneurs, et la seconde pour les autres Confreres qui n'ont point voulu, ou qui
» n'ont pas cru pouvoir avec bienséance mettre leurs noms proche d'au-
» tres beaucoup plus élevez. » — Sans énumérer ici les plus remarquables
des confrères de la société, il suffira de dire que celle-ci réunissait, dans
son sein, tout ce que les marches du trône, la cour, la diplomatie, l'armée,
le clergé, la magistrature, le barreau et la bourgeoisie de Paris présen-
taient, en 1728, de plus éminent parmi les sujets de l'un et de l'autre
sexe. La liste comprenait alors, outre le roi et la reine, 630 membres de
la famille royale ou de la plus haute noblesse du royaume, qui, à l'exemple de Louis XV, s'étaient enrôlés dans l'association, 138 notabilités
ecclésiastiques, 97 confrères ou sœurs appartenant aux maisons les plus
distinguées de la robe, 66 dignitaires de la confrérie elle-même, une centaine de notables de la ville, et 721 bourgeois ou bourgeoises de Paris.
Entre les gentilshommes bien connus en Provence et dans le Comtat, bril-
laient les Albert-de-Luynes et de Chaulnes, les Brancas, les Ancezune-Ca-
dart-Caderousse, les Quiqueran-de-Beaujeu, etc. Le catalogue des gens
d'Eglise mentionne notamment l'évêque de Marseille (de Belzunce), Louis-
Charles des Alrics-du-Rousset, évêque de Béziers, l'évêque d'Apt (Jean-Baptiste de Vaccon), celui d'Orange (Louis Chomel), etc. Armand-Gaston de
Rohan, cardinal, grand-aumônier de France, etc., et supérieur de l'hôpital
royal des Quinze-Vingts (1), qui avait été reçu de la confrérie dès 1721, se
trouve en tête de la liste des membres du clergé. L'association particulière d'un seigneur entraîna souvent celle de toute sa parenté, et quelquefois même celle de tout son quartier. Cet empressement, quel qu'en ait été
le mobile, dut accroître l'importance de la pieuse société, et ajouter au
relief qu'avait acquis déjà la maison royale des Quinze-Vingts.

Tels sont le livre et l'édifiante confrérie, desquels le lecteur ne sera
pas fâché d'avoir pris connaissance, s'il s'est réellement intéressé au récit
des destinées de l'établissement que S. Louis avait si charitablement fondé
pour le soulagement de trois cents pauvres Aveugles.

Carpentras, 10 juillet 1863.

C.-F.-H. BARJAVEL, D. M.

(1) Il ne faut pas confondre ce cardinal avec un autre du même nom et de la même
famille, duquel il a été question ci-dessus, à la page 69. Ils furent, tous les deux, membres
du sacré collége et de l'académie française, grands-aumôniers de France, supérieurs des
Quinze-Vingts et évêques de Strasbourg. Mais l'un (*Armand-Gaston*), docteur en Sorbonne, naquit en 1674 et mourut en 1749 ; l'autre (*Louis-Réné-Edouard*), dont l'administration fut si préjudiciable à l'établissement des trois-cents Aveugles, vécut de 1734 à
1803. Il y a eu aussi un troisième cardinal de Rohan (*Armand*), plus connu sous le nom
de *cardinal de Soubise*, qui fut également évêque de Strasbourg et grand-aumônier, et
dont la vie s'écoula de 1717 à 1756 ; ce dernier était le petit-neveu d'*Armand-Gaston*
précité.

ERRATA.

PAGES.	LIGNES.	FAUTES.	CORRECTIONS.
18	25	prendra la moitié	prendra seulement la moitié
30	1	append	apprend
42	10	bénir, et réconcilier	bénir et réconcilier
46	11	1506) d'Auxerre	1506), d'Auxerre
50	30	devait résulter	devait en résulter
65	23	ne seraient	ne seront
66	11	serait insérée	sera insérée
81	9	150000	250000
100	14	point	points
100	25	févier	février
117	4	Croy	Croï
132	23	pour les	pour les
135	24	noms	nom
142	9	on n'ait rien fait pour les juifs ni	on ait rien fait pour les juifs et

Carpentras. Imp. E. ROLLAND.

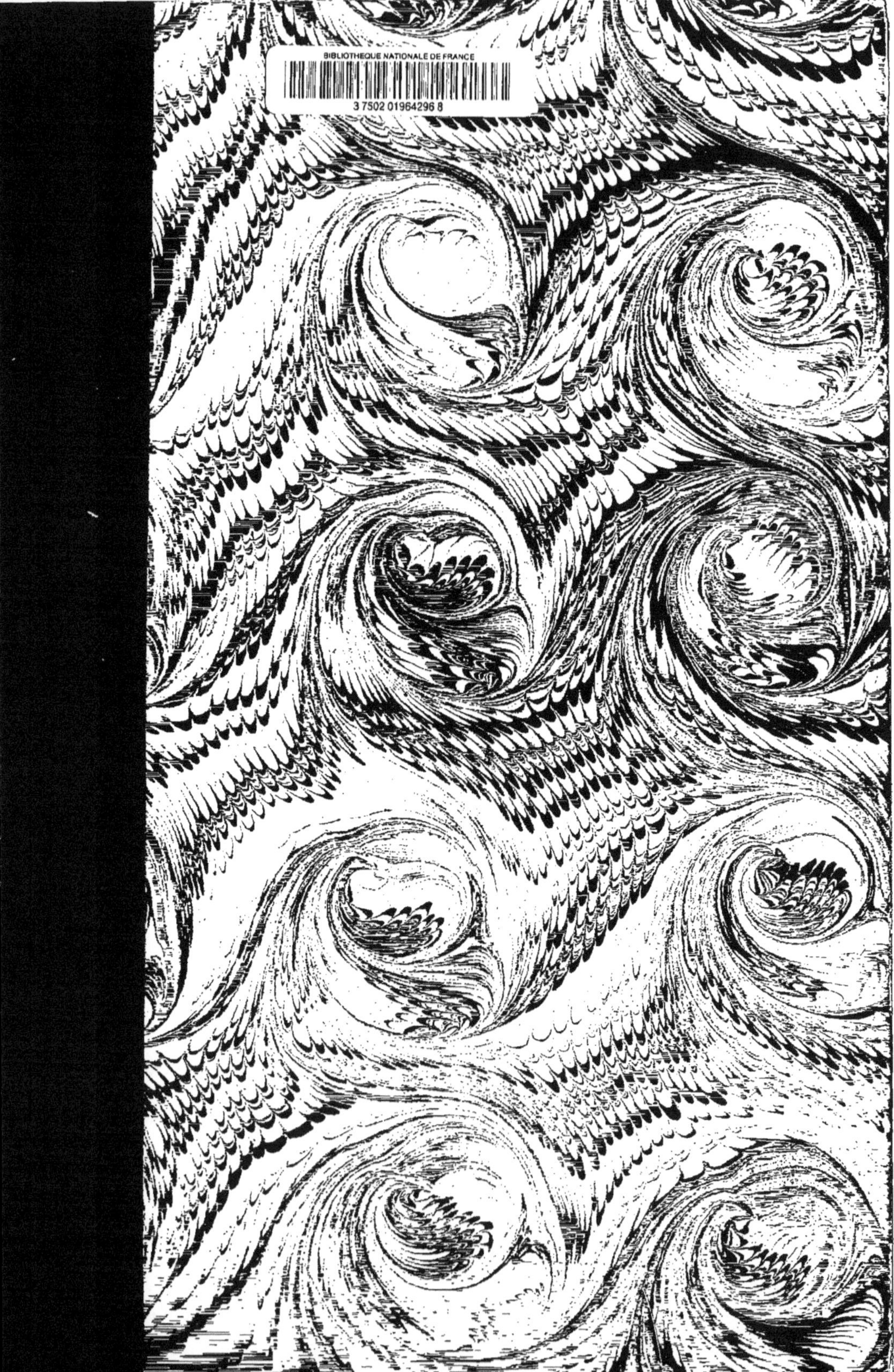

3 7502 0196 4296 8

www.ingramcontent.com/pod-product-compliance
Ingram Content Group UK Ltd.
Pitfield, Milton Keynes, MK11 3LW, UK
UKHW022346090726
13658UKWH00001B/499